사이다 고민툰

답답하고 불안한 사춘기 속마음 처방전
# 사이다 고민툰

안태일 글 × 옥이샘 만화

지식프레임

# 여는 글

　학년이 올라갈수록 고민도 함께 늘어갑니다. 내 외모와 성격이 마음에 들지 않아 화가 날 때가 많습니다. 공부 때문에 짜증이 너무 나서 아무것도 하기 싫어지기도 합니다. 친했던 친구와 다투거나 멀어지기도 합니다. 엄마 아빠의 잔소리가 너무 싫고 형제자매가 너무 미울 때가 있습니다. 다른 친구들은 어른이 되면 어떤 사람이 되겠다는 꿈을 품고 열심히 준비하지만, 나는 아무런 꿈이 없어서 불안하기도 합니다.

　고민이 늘어갈수록 마음은 점점 답답해집니다. 누구에게 속 시원하게 내 고민을 털어놓고 싶지만 그렇게 하지 못하고 혼자서 속만 끙끙 앓을 때가 많습니다. 마음은 계속 불안하고 짜증은 더욱 커지기도 합니다. 여러분의 마음을 이 세상 누구도 이해하지 못하는 것 같아 속상할 때가 많습니다.

　답답한 마음을 잠시 내려놓고 우리 함께 이야기해 보면 어떨까요? 고민은 혼자 안고 있을 때보다 함께 나눌 때 그 무게가 훨씬 가벼워진답니다.

　이 책에 등장하는 귀여운 캐릭터들이 겪는 고민을 만화로 보면서 함께 공감해 보아요. 그리고 글을 읽으며 고민을 조금씩 덜어내보세요. 책에서 알려준 방법으로 고민을 하나씩 해결하려고 노력해 보세요.

여러분이 겪는 고민이 완전히 해결되기란 쉽지 않을 수 있어요. 이 책에서 알려주는 방법이 꼭 정답은 아닐 수도 있겠지요. 하지만 고민을 해결할 다양한 방법이 있다는 것을 알게 되는 것만으로도 여러분의 답답했넌 마음이 풀리는 것을 느낄 수 있답니다.

여러분의 답답한 고민을 사이다처럼 시원하게 풀어줄 사이다툰, 이제 함께 마셔볼까요?

# 목차 Contents

여는 글　　　　　　　　　　　　　　　　　004

## 1부 나와 가족

01 외모가 마음에 들지 않아요　　　　　　012
02 발표할 때 떨리고 힘들어요　　　　　　018
03 이유 없이 우울하고 짜증이 나요　　　024
04 선택과 결정을 잘 못해요　　　　　　　030
05 스마트폰이 없으면 불안해요　　　　　036
06 게임에서 지면 화가 나요　　　　　　　042
07 아이돌에 푹 빠졌어요　　　　　　　　046
08 부모님 간섭이 싫어요　　　　　　　　050
09 부모님이 나만 미워해요　　　　　　　054
10 엄마 아빠가 매일 싸워요　　　　　　　058

## 2부 공부와 학교

11 공부가 너무 싫어요 — 064

12 학원 가기가 싫어요 — 070

13 머리가 나쁜가 봐요 — 074

14 어떻게 하면 공부를 잘할까요? — 078

15 급식이 맛이 없어요 — 084

16 담임 선생님이 불편해요 — 090

## 3부 친구

**17** 싫은 친구와 같은 반이 되었어요 — 096

**18** 친구들에게 따돌림을 당해요 — 100

**19** 친구 사귀기가 어려워요 — 104

**20** 친한 친구와 사이가 멀어졌어요 — 110

**21** 친구가 나쁜 행동을 해요 — 116

**22** 짝사랑하는 이성 친구가 있어요 — 120

## 4부 진로

23 꿈이 없어요     128

24 잘하는 게 없어요     132

25 하고 싶은 직업이 너무 많아요     136

26 유튜버가 되고 싶어요     140

다른 친구들보다 외모가 못난 것 같아 실망스러운가요?
하지만 그렇게 비교하지 말아요.
나는 세상에서 그 누구와도 비교할 수 없는 가장 소중하고 사랑스러운 존재랍니다.
그러니 있는 그대로 나를 인정하고 사랑해 주세요.

# 1부
# 나와 가족

# 01
## 외모가 마음에 들지 않아요

'나'를 설명하는 것에는 무엇이 있을까요?

나이, 성격, 직업, 종교 등 많은 것들로 나를 설명할 수 있어요. 또 운동은 좋아하는지, 그림은 잘 그리는지, 노래는 잘하는지 등 다양한 취미나 특기로 내가 어떤 사람인지를 나타낼 수 있지요. 그런데 우리는 운동을 못한다고 해서, 또는 노래를 못한다고 해서 그 사람을 못났다고 생각하진 않아요. 그건 그 사람을 표현하는 전부가 아니니까요.

**외모 역시 나를 나타내는 한 부분일 뿐이에요.**
외모가 마음에 들지 않는다고 해서 내 전부가 마음에 들지 않는다는 생각은 옳지 않아요. 외모는 나를 나타내는 여러 부분 중 하나일 뿐이니까요. 내가 원하는 모습은 아닐 수 있지만, 부모님께서 물려주신 소중한 몸이지요.

거울을 보거나 친구와 비교하면 내 외모가 마음에 들지 않아 울적해지기도 해요. 가끔은 성형 수술을 해도 괜찮지 않을까 싶어 쌍꺼풀이 생기고 오똑한 코를 가진 나를 상상하기도 하지요.

하지만 꼭 기억해요!
**세상을 당당하고 자신감 있게 살아가기 위해서 외모보다 더 중요한 것은 '자존감'이에요.**
그렇다면 '자존감'은 뭘까요?

다음과 같이 생각하는 사람을 우리는 자존감이 높은 사람이라고 해요.

난 그냥 있는 그대로의 내가 좋아!

사람들이 나를 보고 뭐라 하든 난 신경 쓰지 않아.
난 나를 사랑하는 인생을 살 거야.

난 다른 사람의 평가에 흔들리지 않아. 누가 나를
칭찬해 주어야 내가 좋은 사람이 되는 것은 아니야.

누가 나를 욕한다고
내가 나쁜 사람이 되는 것은 아니야.

자존감이 높아지면 하루하루가 즐거워요.
다른 사람이 나에 대해서 뭐라고 하든 신경 쓰지 않아요.
무엇보다 나 자신을 사랑하게 되죠.

자존감이 높은 사람은 나 자신을 위해 열심히 공부하고, 노력하고, 열정적으로 살아가요.

다른 친구들보다 외모가 못난 것 같아 실망스러운가요?
하지만 그렇게 비교하지 말아요. 나는 세상에서 그 누구와도 비교할 수 없는 가장 소중하고 사랑스러운 존재랍니다.

있는 그대로 나를 인정하고 사랑해 주세요.
**내 삶의 주인공은 바로 나라는 것을 꼭 기억해요!**

 **tip**

두 손을 '쇄골뼈(목 아래에 톡 튀어나온 뼈)'에 올리고 손가락으로 가볍게 톡톡 쳐 봐요. 동시에 아래 그림과 같이 자존감을 높이는 주문을 따라해 보세요. 나도 모르게 마음이 진정되고 편안해짐을 느낄 수 있어요.

"난 세상에서 가장 소중한 존재야!"
"난 지금의 내 모습이 좋아!"
"난 지금 이대로의 나를 사랑해!"

# 02
## 발표할 때 떨리고 힘들어요

많은 사람들 앞에 서면 심장이 쿵쿵 울리고 나도 모르게 목소리가 떨리나요? 다른 친구들처럼 멋지게 발표하고 싶지만 마음대로 되지 않아 속상한가요?

마음먹은 대로 되지 않는다고 해서 너무 속상할 필요는 없어요. 발표를 잘하기 위해 이제부터 멋진 계획을 짜고 그대로 실행해 보는 거예요. 처음부터 모든 걸 잘하는 사람은 아무도 없으니까요.

## 발표 연습을 많이 해요

애플의 창업자 스티브 잡스는 신제품을 소개하는 행사가 있을 때마다 직접 무대에 올라가 청중들에게 발표를 했어요. 그는 많은 사람들 앞에서 자신이 하고 싶은 말을 멋지게 전달할 줄 알았죠.

스티브 잡스

그런데 스티브 잡스는 처음부터 발표를 잘했을까요?

아니랍니다.

발표하기 몇 달 전부터 대본을 쓰고, 계속 큰 소리로 읽는 연습을 했습니다. 실제 행사장 무대에 올라가서 매일 발표 연습을 했다고 해요. 스티브 잡스가 발표를 잘하게 된 것은 발표 능력이 뛰어나서가 아니라, 발표 연습을 정말 많이 했기 때문이죠.

**스티브 잡스처럼 발표를 잘하고 싶다면 연습을 많이 하면 됩니다.**

우선 발표할 내용을 열심히 공부해서 내 것으로 만들어요. 교과서도 열심히 읽고, 학습지도 꼼꼼히 보고, 책도 찾아보고, 인터넷 검색도 많이 해봐요. 내용이 정리되면 이제 발표 대본을 만들어요. 머릿속에서 생각나는 대로 발표하는 것과 미리 대본을 작성해서 발표하는 것은 차이가 매우 커요. 그리고 대본을 손에 들고 큰 소리로 연습해 보는 거예요.

발표 자리에 서면 누구나 떨린답니다. 나만 떨리는 게 아니에요. 그래서 연습할 때는 실제로 발표할 때보다 더 큰 소리로 연습하는 것이 좋아요. 목소리를 크게 내면 자신감이 높아집니다. 발표할 때 필요한 목소리 크기가 '10'이라면 집에서 연습할 때는 목소리 크기를 '50'으로 해보세요.

가만히 앉아서 대본을 읽는 것보다는 마치 앞에 청중이 있는 것처럼 생각하고 연습하면 더욱 좋아요. 거울 앞에 서서 할 수도 있고, 인형을 의자에 앉혀두고 할 수도 있어요. 교실의 친구들을 상상하면서 자신감 넘치는 목소리와 몸짓으로 연습해 보세요. 연습을 많이 하면 할수록 발표하는 날에 더욱 자신감이 생긴답니다.

## 실전에서는 마음을 편하게 가져요

드디어 발표를 하는 날이 왔어요. 연습을 많이 했지만 실수할까봐 또 마음이 떨릴 수 있어요.

아무리 연습을 많이 했더라도 발표를 단번에 잘할 수는 없어요. 사람들 앞에서 발표를 해보는 경험이 많아질수록 발표도 잘하게 되지요.

실전에서는 연습한 것의 10분의 1만 해도 정말 잘한 거예요. 이런 경험이 쌓이면 다음 발표 때는 더 잘하게 되죠.
**한 번에 완벽하게 발표를 잘해야 한다는 마음은 내려놓아요.**
한 번 두 번 경험이 쌓이다 보면 어느새 떨리는 마음도 누그러지고 더욱 당당하게 발표하는 나 자신을 발견하게 될 거예요.

발표를 자주 하면 좋지만 발표할 기회가 항상 있는 것은 아니에요. 발표 실력을 좀 더 빨리 키우고 싶다면 수업 시간에 선생님이 질문할 때 손을 자주 들어보세요. 대답할 때는 마지막에 "~라고 생각합니다. 이상입니다." 하고 덧붙인 뒤 자리에 앉으면 됩니다. 많은 친구들이 지켜보는 가운데 선생님의 질문에 대답하다 보면 훨씬 자신감이 생길 거예요.

# 03
# 이유 없이 우울하고 짜증이 나요

온종일 입맛도 없고 친구의 장난도 짜증날 때가 있어요. 부모님 말씀에 이유도 없이 화가 나고, 뭘 해도 마음이 계속 우울하지요. 도대체 왜 짜증이 나는지 그 이유를 알 수 없어서 더욱 답답하기도 합니다.

이럴 때는 먼저,
**내가 왜 우울하고 자꾸 짜증이 나는지 이유를 찾아보도록 해요.**
아래의 방법을 순서대로 따라해 보세요.

**1** 우선 숨을 크게 들이마신 뒤 "후-우-우~" 하고 크게 뱉어보세요. 천천히 열 번만 해볼까요? 호흡을 길게 여러 번 하면 마음이 진정되고 편안해진답니다.

땀을 흘릴 정도로 운동을 해요.

3 따뜻한 물로 샤워를 해요.

4 조용히 책상에 앉은 뒤, 예시를 참고해서 다음의 마인드맵을 완성해 보세요.

- 이름
- 성격
- 좋아하는 것
- 싫어하는 것
- 잘하는 것
- 못하는 것

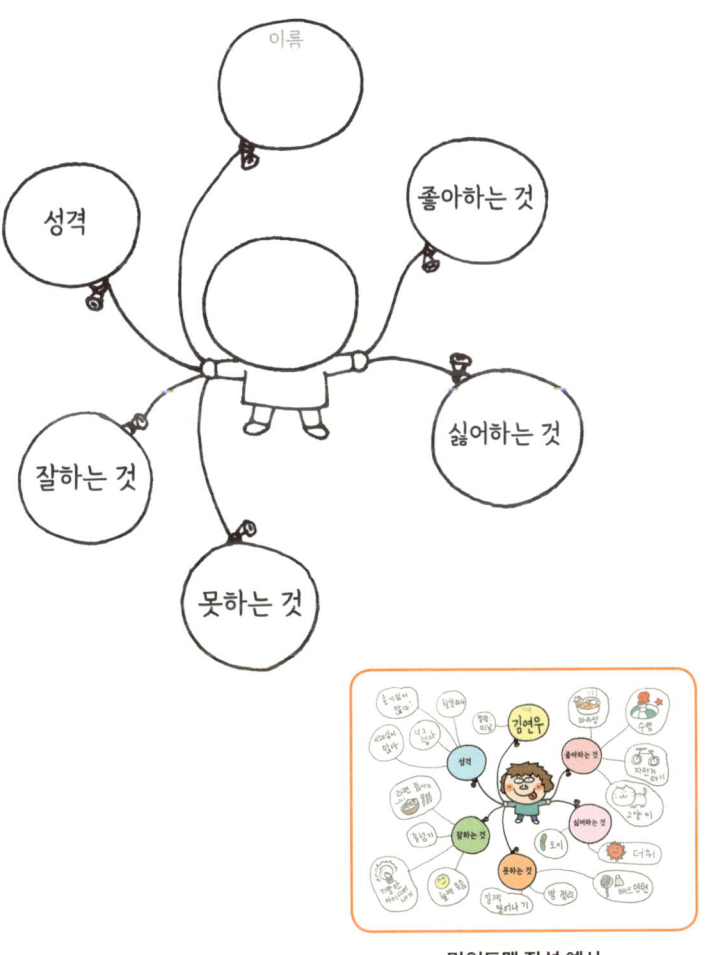

마인드맵 작성 예시

어떤가요?
평소에 나도 몰랐던 '나'에 대해서 좀 더 많은 것을 알게 되었나요?

이제 요즘 짜증이 나는 이유, 우울해지는 이유를 천천히 떠올려보세요. 이유가 생각날 때마다 노트에 적어보는 겁니다. 친구 때문인지, 가족 때문인지, 학원 때문인지, 공부 때문인지.

우울한 마음을 그대로 놔두면 기분이 더 슬퍼지게 된답니다. 그래서 내가 왜 우울한지를 모르고 지나치면 문제가 더 커질 수도 있어요. 반대로 왜 우울한지, 그 이유가 무엇인지를 알고 나면 짜증과 우울함이 크게 줄어들어요.

내가 해결할 수 있는 문제라면 천천히 스스로 해결하려고 노력하면 돼요. 만약 내가 해결할 수 없는 문제라면 부모님 혹은 담임 선생님과 이야기를 나누도록 해요.

## 04
## 선택과 결정을 잘 못해요

우리는 살아가면서 수많은 선택과 결정을 해야 해요. 물론 쉬운 일은 아니에요. 짜장면을 먹을지 짬뽕을 먹을지 결정하는 것도 정말 어려운 일이니까요.

### 짜장? 짬뽕?
## 선택이 너무 어려운 걸?

선택의 순간에 우리는 바로 결정하지 못하고 머뭇거리는 경우가 많아요. 그 이유는 결정하는 방법을 잘 모르기 때문이에요. 하지만 요령을 알면 좋은 결정을 훨씬 쉽게 할 수 있어요.

**결정을 잘 하기 위해서는
'얻는 것'과 '포기해야 하는 것'의 크기를 비교해야 해요.**

예를 들어, 게임을 하기 위해 피시방에 갈지, 아니면 집에서 공부를 할지 고민되는 상황을 가정해 볼게요.

만약 피시방에 가기로 결정했다면 이때 얻는 것과 포기해야 하는 것은 무엇일까요? 얻는 것은 즐겁게 놀면서 느낄 만족감이겠죠?

피시방에 가기로 결정했을 때 포기해야 하는 것은 무엇일까요? 피시방에서 시간을 보내는 만큼 공부를 못 하게 되었죠? 공부를 했다면 성적을 올릴 수도 있고, 부모님께 칭찬을 받을 수도 있을 겁니다. 하지만 피시방을 가는 바람에 성적과 칭찬을 포기해야 해요. 또 무엇을 포기해야 할까요? 네, 바로 피시방에 지불할 돈입니다.

### 피시방에 가기로 했을 때의 값어치 비교

| 얻는 것의 값어치 | |
|---|---|
| 항목 | 점수 |
| 친구와 더 친해짐 | |
| 즐거운 시간에 대한 만족감 | |

총점 : _____

| 포기하는 것의 값어치 | |
|---|---|
| 항목 | 점수 |
| 성적 높이기 | |
| 부모님의 칭찬 | |
| 피시방 비용 | |

총점 : _____

좋은 결정이란 얻은 것의 값어치가 포기해야 하는 것의 값어치보다 큰 결정을 말합니다. 결정을 잘하고 싶다면, 얻는 것과 포기해야 하는 것의 점수를 비교해 보세요. 점수는 자신이 직접 결정하는 거예요. 항목을 정하고 점수를 넣은 뒤 비교해 보면 어떤 것의 값어치가 더 높은지 알 수 있어요.

이렇게 얻는 것과 포기하는 것의 점수를 계산해 보면 결정을 내릴 때 어떤 점을 더 중요시 해야 하는지 쉽게 파악할 수 있어요. 또한 어떤 선택을 했을 때 내가 포기해야 하는 것이 무엇인지 정확히 알 수 있으므로 내 결정에 책임지는 연습도 할 수 있어요.

**모든 결정에는 대가가 따릅니다.**
**하나를 얻으면 다른 하나는 포기해야 하죠.**

어떤 것도 포기하기 싫어하면 결정을 쉽게 내릴 수 없어요. 마음을 비우고, 포기할 것은 포기할 줄 알아야 좋은 결정도 할 수 있지요.

**"내 결정이 잘못되면 어쩌지?" 하고 두려워하지는 말아요.**

사람은 누구나 실수를 해요. 누구든 잘못된 결정을 내릴 수도 있지요. 하지만 실수와 잘못을 반성하고 다시 일어설 수 있는 것이 더 중요해요. 실수를 교훈 삼아 다음에 더 나은 결정을 하면 된답니다.

무엇을 선택하면 좋을지 고민될 때는 빈 종이를 꺼내서 꼭 위의 방법대로 정리해 봐요. 종이에 옮겨 적으면 복잡했던 생각이 훨씬 정리가 잘 돼요. 바로 '메타인지' 사고를 할 수 있기 때문이에요. 종이에 생각을 적어두면 내 생각을 눈으로 한 번 더 살펴볼 수 있어요.

메타인지란, 지금 내 생각이 맞는지 틀리는지에 관해서 고민하는 사고력입니다.

## 05
## 스마트폰이 없으면 불안해요

스마트폰으로 유용하게 할 수 있는 일이 정말 많아졌어요.

우리는 스마트폰으로 유튜브도 보고, 게임도 하고, 친구와 메시지도 주고받고, 때로는 온라인 수업도 듣지요.

그래서일까요?

스마트폰이 마치 내 몸의 일부처럼 여겨질 때도 있어요. 심지어 스마트폰을 잠시라도 사용하지 못하면 불안감을 느끼는 경우도 많아요.

여러분은 어떤가요?

밥 먹을 때도, 텔레비전을 보면서도, 화장실에서도, 침대에 누워서도 스마트폰을 계속 보고 있지는 않나요? 공부를 하다가도 알람이 울리면 읽던 책을 내려놓고 친구와 메시지를 주고받고, 언제 연락이 오는지 기다리느라 하던 일에 집중하지 못한 적이 있지는 않나요?

스마트폰은 참 편리한 도구예요. 낮이건 밤이건, 집에 있든지 밖에 있든지 상관없이 언제 어디서나 내가 원하는 것을 볼 수 있고 친구들과 대화할 수 있어요. 그런데 이렇게 편리하고 재미있다 보니 너무 오랜 시간 사용하게 되고, 결국 스마트폰에 중독되는 친구들이 많아졌어요.

## 스마트폰 중독에 빠지면 나에게 일어날 수 있는 부작용은?

 스마트폰에 중독되면 인내심이 줄어들어 쉽게 화를 내고, 자신의 감정을 조절하지 못하게 돼요. 또 스마트폰을 오래 사용하면 두뇌 발달이 느려진다는 연구 결과도 있어요.

 스마트폰은 인간이 더 즐겁고 편리한 삶을 살기 위해 만든 것인데, 우리 인생에 자꾸 나쁜 영향을 미치고 있어요. 스마트폰이 내 삶을 망치게 하다니! 세상에서 제일 소중한 존재인 내가 고작 손바닥 크기만 한 기계 때문에 망가지고 나빠지는 것은 참을 수 없겠지요?

**내가 스마트폰을 지배해야지,**
**내가 스마트폰의 노예가 될 수는 없는 일이에요.**

그렇다면 스마트폰에서 좀 더 자유로워질 수 있는 방법은 없을까요?

먼저, 부모님이나 담임 선생님과 스마트폰 사용 시간을 어느 정도로 하면 좋을지 함께 고민해 보세요. 부모님과 담임 선생님은 여러분의 용기 있는 결심에 기뻐하실 거예요.

집에서 스마트폰을 사용하지 않을 때는 전원을 꺼두기로 해요. 스마트폰을 안방이나 거실 서랍에 넣어도 좋아요. 눈에서 멀어지면 마음도 멀어지거든요.
그사이 친구들 연락이 올까봐 걱정되나요? 걱정하지 마세요. 정말 급한 일이면 부모님께 연락이 갈 겁니다. 친구와 멀어지면 어떡하냐고요? 그러면 친구에게 "너도 나와 같이 스마트폰 정복 전쟁에 참여하자."라고 말해 주세요. 진정한 친구라면 함께해 줄 거예요.

스마트폰이 자꾸 하고 싶을 때는 앉았다 일어났다 운동을 반복해 보세요. 몸도 튼튼해지고 스마트폰의 유혹에서 벗어나기에도 좋아요. 만약 스마트폰을 켜게 되면 최대한 빠른 시간 안에 필요한 것만 확인하고 다시 스마트폰을 끄세요.

 스마트폰의 유혹이 가장 큰 시간은 침대에 누울 시간이겠죠. 이때는 부모님의 도움을 받는 것이 좋아요. 부모님에게 스마트폰을 맡기는 겁니다. 스마트폰 중독으로부터 벗어나려고 노력하는 모습에 부모님도 매우 기뻐하실 거예요.

 스마트폰은 필요에 따라 적당한 시간을 사용한다면 전혀 문제가 되지 않아요. 오히려 우리 생활을 훨씬 풍요롭고 즐겁게 만들어주죠. 하지만 어느 순간 **나도 모르게 스마트폰의 노예가 되고 있지는 않은지 항상 조심할 필요가 있어요.**

## 스마트폰 중독 테스트!

각 문항에 솔직하게 체크해 보세요.

1. ☐ 스마트폰을 수시로 꺼내 본다.
2. ☐ 스마트폰을 보면서 걸어 다닌 적이 많다.
3. ☐ 스마트폰이 손에 없으면 불안하다.
4. ☐ 매일 스마트폰으로 게임이나 SNS를 한다.
5. ☐ 운동보다 스마트폰 사용하는 시간이 더 좋다.
6. ☐ 가족이나 친구들과 함께 있는 것보다 혼자 스마트폰을 사용하는 것이 더 좋다.
7. ☐ 나는 밥을 먹을 때도 스마트폰을 본다.
8. ☐ 스마트폰을 사용하면서 목이나 손목이 아픈 경우가 있다.
9. ☐ 잠들기 직전에도 스마트폰을 사용한다.
10. ☐ 스마트폰 사용을 못 하게 되면 화가 나거나 짜증이 난다.
11. ☐ 하루에 2시간 이상 스마트폰을 사용한다.
12. ☐ 스마트폰 사용 시간을 스스로 조절하지 못한다.

- 3개 이상 체크했다면, 스마트폰 중독에 빠지지 않도록 주의하세요.
- 7개 이상 체크했다면, 부끄러워하지 말고 부모님이나 담임 선생님께 꼭 말씀드려요. 부모님과 선생님은 솔직한 고백을 칭찬하면서 함께 고민해 주실 거예요.

## 06
## 게임에서 지면 화가 나요

게임을 하다가 화를 낸 적이 있나요?

우리 팀이 졌을 때 너무 화가 나서 같은 팀 친구들을 탓하고 욕을 한 적도 있나요?

재미있게 놀려고 시작한 게임인데,

왜 우리는 게임을 하다가 결국 화를 내게 되는 걸까요?

우리가 친구들과 놀이를 하는 이유는 무엇일까요?

즐거워지기 위해서겠죠?

즐거우면 기분이 좋고 행복해지니까요.

게임도 마찬가지예요.

**우리가 게임을 하는 본래 목적은 즐거움을 위한 것이에요.**

적당한 승부욕은 게임을 더욱 즐겁게 만드는 양념 역할일 뿐이에요.

게임에서 이기면 이겼으니 기분 좋고, 졌더라도 게임 시간 자체가 즐거웠으니 기분이 좋아야 합니다. 그런데 승부욕이 너무 강하면 어떻게 될까요? 이기는 것 자체가 목적이 되면 게임 결과에 따라 내 기분이 바뀌게 돼요.

이기는 것이 게임의 목적이 되면 질 때마다 화가 나고 속상해집니다. 이긴다고 해도 그 순간은 짜릿하고 기분 좋을지 모르지만, 언제든 다시 질 수 있다는 생각에 불안감을 느끼게 되죠.

온라인 게임은 다른 놀이보다 깊게 빠지기가 쉬워요. 내가 조종하는 캐릭터와 나를 같은 존재라고 생각하기 쉽지요.

캐릭터의 레벨이 나의 계급처럼 느껴지고, 캐릭터의 승률이 곧 나의 성적처럼 느껴집니다. 내가 조종하는 캐릭터가 죽으면 마치 내가 죽은 것처럼 스트레스를 받게 되죠.

다시 한번, 게임을 하는 본래 목적이 무엇인지를 생각해 봐요.

게임을 하는 본래 목적은 즐겁기 위해서였죠?

그런데 게임을 할 때마다 스트레스를 받고 화가 난다면 그 게임은 나와 맞지 않는 게임이에요. 많은 친구들이 그 게임을 한다고 해도 나랑 맞지 않는다면 하지 않을 용기가 필요해요.

게임에 지나치게 몰입하면 다른 일들을 하기도 어려워져요.
이루고 싶은 꿈을 위해 노력할 시간과 마음을 게임에 빼앗길 수 있죠.

게임을 하느라 내 미래와 꿈이 사라지게 된다면 어떻게 해야 할까요?
가장 좋은 건 게임 시간을 정해 놓고 하는 거예요. 그 외의 여가 시간에는 다른 놀이를 하면서 친구들과 어울려봐요. 보드게임이나 공놀이 등 친구들과 실제로 접촉하면서 하는 놀이는 몸도 튼튼하게 해주고 머리도 좋아지게 만드는 효과가 있어요.

게임을 하다가 화가 나려고 할 때는 눈을 감은 뒤 엘리베이터를 타고 1층부터 10층까지 올라가는 상상을 해봐요. 천천히 1층, 2층, 3층… 이렇게 숫자를 세면서 아무 생각도 하지 말아요. 그러면 마음이 차분해진답니다. 이 방법은 게임을 하다가 화가 났을 때 해도 좋고, 언제든지 마음속에서 화가 욱 하고 올라올 때마다 사용하면 좋아요.

# 07
## 아이돌에 푹 빠졌어요

멋진 외모, 무대를 화려하게 누비는 춤, 팬심을 저격하는 매너.
아이돌에게는 사람들을 푹 빠지게 만드는 매력이 있어요.

그런데 아이돌을 지나치게 좋아하고 빠져들면 문제가 생기기도 해요. 아이돌 굿즈를 사는 데 용돈을 전부 쓰거나, 학교에 가지 않고 공연장을 쫓아다닌다면 어떻게 될까요? 아마도 학생으로서의 기본적인 생활이 어렵게 될 거예요.

상상을 한번 해봐요.
아빠는 낚시를 좋아해요. 아빠는 열심히 일해서 번 돈으로 비싼 낚싯대를 자주 사죠. 낚싯대를 너무 많이 사서 가족이 써야 할 생활비가 부족할 정도예요.

엄마는 어떤 가수에게 푹 빠져 그 가수의 굿즈를 사는 데 생활비를 모두 써요. 매일 공연장에 가느라 집에서 얼굴 보기도 힘들죠.

만약 위와 같은 상황이 벌어진다면 어떻게 될까요?
여러분 역시 이런 일이 벌어지기를 원하지는 않을 거예요.

무언가에 푹 빠지는 감정은 자연스러운 일이에요. 하지만 **자신의 생활을 지키지 못할 만큼 중독되는 것은 매우 조심해야 해요.**

아이돌을 좋아하는 감정도 마찬가지예요. 새로운 앨범이나 작품이 나오면 관심을 두고 용돈의 일부를 사용해 즐기는 것은 괜찮아요. 하지만 내 처지에 맞지 않게 지나치게 많은 돈과 시간을 쓰는 것은 바람직하지 않아요.

아이돌은 어떤 팬을 좋아할까요?
자기 일은 제대로 하지 않으면서 무작정 자기만 바라보고 쫓아다니는 팬을 좋아할까요?
아니에요. 자기 일을 잘 해내면서도 꾸준히 관심과 애정을 주는 팬들을 더 좋아할 거예요.

아이돌을 진정으로 사랑하기 위해 계획을 세워보면 어떨까요?

아이돌의 음악과 영상을 감상하거나 커뮤니티 활동을 하는 데 하루에 1시간 이내만 사용하도록 시간을 계획해요. 용돈 중에서 굿즈를 사기 위한 금액도 미리 정해요. 내 용돈으로 굿즈를 사기 힘들다면, 어른이 되고 나서 마음껏 굿즈를 사겠다고 다짐하면서 잠시 참는 연습도 해봐요.

**내가 사랑하는 아이돌도 소중한 존재지만,**
**그들보다 더 소중한 사람은 나 자신이라는 것을 잊지 말아요.**
내가 누군가를 사랑한다고 해서 내 생활이 무너져서는 안 돼요.

그리고 꼭 기억해야 할 한 가지가 있어요.
여러분 부모님의 슈퍼 아이돌은
바로 눈에 넣어도 아프지 않을 만큼 사랑하는 여러분이라는 것을요.

# 08
## 부모님 간섭이 싫어요

부모님이 간섭을 많이 할 때가 있어요.
때로는 속상하고 화가 나기도 하죠.

그런데 화가 난다고 해서 바로 부모님께 대들거나 짜증을 내는 건 좋은 방법이 아니에요. 그러면 정말 보여주고 싶은 속마음을 부모님께 제대로 전하기 어렵거든요.

부모님의 간섭을 줄일 수 있는 지혜로운 방법은 없을까요?
다음과 같은 방법을 한번 따라해 보세요.

 **부모님께서 어떤 간섭을 하는지 생각나는 대로 적어요.**

내용은 구체적일수록 좋아요. 내가 어떤 행동했을 때 부모님께서 간섭을 하시는지 자세히 적어봅니다. 종이 한 장을 채울 만큼 다 적었다는 생각이 들면 심호흡을 크게 한번 합니다. 글로 쓰는 동안 마음이 더 속상했을 수도 있으니까요. 숨을 크게 들이마시고 천천히 내뱉으면 마음이 좀 진정돼요.

 **색깔 펜으로 비슷한 내용끼리 '이름표'를 붙여봐요.**

부모님의 간섭 항목 중에서 서로 비슷한 내용을 묶어봐요. 예를 들어,

'학원에 빠지지 말아라, 숙제를 제때 해라, 독서를 열심히 해라'와 같은 간섭은 해당 내용 밑에 '공부 간섭'이라고 이름표를 적어요. 이외에도 건강, 습관, 정리 정돈, 말버릇, 게임 등 여러 종류로 나눠서 항목마다 이름표를 적을 수 있어요.

### 3 분류한 내용을 살펴보면서 지워야 할 항목을 찾아요.

지워야 할 항목은 부모님의 간섭이 싫더라도 꼭 지키고 명심해야 할 내용이에요. 예를 들어, 신호등 지키기, 자전거 조심해서 타기, 음식물 조심하기 등 안전과 건강에 대한 간섭은 싫어도 꼭 유념해야 하는 중요한 것들이에요.

만약 여러분에게 이제 막 걷기 시작한 아기 동생이 있다고 가정해 볼까요? 동생이 뜨거운 음식을 집으려고 한다거나 높은 곳에 올라가려고 한다면 여러분은 어떻게 할 것 같나요? "안 돼! 위험해! 그건 뜨거워! 거기 올라가면 다쳐!"와 같이 소리치면서 아기 동생을 보호하려고 하겠죠? 우리 부모님들도 마찬가지랍니다.

이렇게 지워야 할 항목을 정리하고 나면 몇 가지가 남을 거예요. 이제부터는 부모님의 걱정을 덜어드리면서 여러분 스스로 해낼 수 있다는 걸 증명할 차례입니다.

먼저, 종이에 '나의 계획과 실천'이라고 제목을 적어요.

앞으로 부모님의 간섭 없이 나 스스로 앞으로 무엇을 할 것인지 적어요. 그리고 이 계획을 지키지 않으면 어떻게 할지도 적어요.

공부를 한다면 매일 교과서를 몇 쪽씩 읽을 것인지, 문제집은 몇 쪽씩 풀 것인지, 숙제는 몇 시까지 끝낼 것인지를 적는 거예요. 그리고 목표를 지키지 못했을 때는 주말에 게임하는 시간을 줄이겠다는 식으로 책임지는 자세를 적을 수 있어요.

계획서가 완성되면 부모님께 보여드려요.
부모님은 여러분이 이렇게 스스로 잘할 수 있다는 다짐과 계획을 보시면서 흐뭇해하실 거예요.

이제 계획대로 하나씩 실천하면 됩니다. 부모님은 스스로 계획한 일을 행동으로 옮기는 여러분의 모습을 보면서 많이 대견해하실 거예요. 간섭은 점점 줄어들고 칭찬은 늘어날 거예요.

> 답답하거나 짜증이 날 때는 우선 종이에 적는 습관을 가져요. 고민을 적다 보면 복잡했던 생각이 정리되는 것을 느낄 수 있어요. 종이에 적힌 내 생각들을 눈으로 살펴보면 고민을 해결할 방법을 더 쉽게 찾을 수 있답니다. 나만의 고민 노트를 만들어보세요!

## 09
# 부모님이 나만 미워해요

부모님이 다른 형제만 예뻐한다고 느껴질 때가 있어요.
잔소리는 유독 나에게만 하는 것 같죠.
그래서 부모님께 정말 서운한 마음이 들어요.

부모님과 오해가 쌓였을 때, 그리고 서운한 마음이 들었을 때는 차분하게 서로의 마음을 주고받아야 해요. 이때는 당장 말로 하기보다 편지를 써보도록 해요.

속이 상한 상태에서 얼굴을 마주 보고 말로 마음을 전하면 나도 모르게 감정이 올라와서 오해가 더 커질 때가 많아요. 그래서 차분하고 조용한 상태에서 진심과 사랑을 담은 편지로 마음을 전하는 것이 좋아요.

편지에는 어떤 내용을 담으면 좋을까요?

### 먼저 잘 키워주셔서 감사하다는 마음을 적어요.

세상에 태어나게 해주셔서 감사한 마음, 아기였을 때 밤새 울어서 잠도 못 주무시고 여러분을 돌봐줬던 일, 매일 밥을 지어주시고, 옷을 입혀주시고, 잠을 잘 수 있는 집을 마련해 주셔서 감사하다는 마음을 글로 표현해 보세요. 너무 뻔한 이야기라고 생각하나요? 하지만 부모님께서는 여러분이 얼마나 부모님을 사랑하고 감사해 하는지를 알게 되어서 정말 행복하실 거예요.

### 형제자매를 똑같이 사랑해 주시는 것을 잘 알고 있다는 마음을 적어요.

이 세상에 어떤 부모님도 "난 우리 둘째만 예뻐하고 나머지는 다 미워해야지!" 하고 생각하는 분은 없어요. 그러니 "부모님은 왜 저만 미워해요?"라고 묻는 내용은 어리석은 질문이에요. 다만 가끔 오해가 생겨서 나와 부모님 모두 서로 서운하고 속상할 때가 있을 뿐이에요.

내가 속상하더라도 먼저 부모님의 마음을 이해하려 애써보세요. "항상 저와 형제자매를 모두 아껴주시고 돌봐주셔서 정말 고마워요."라고 진심을 담아서 편지에 적어보세요.

### 마지막으로 내 속마음을 부모님께 전해요.

부모님께 편지를 쓰는 이유는 오해를 풀기 위한 것이라는 점을 계속 기억하면서 써야 해요.

우선 여러분의 마음이 요즘 많이 힘들다는 이야기를 솔직하게 적어요. 부모님께서 나를 위해 하셨던 말씀과 행동이셨지만 그때마다 나는 어떤 기분을 느꼈는지 차분하게 적는 거예요.

부모님이 보시기에 부속한 점이 있다면 고치려고 노력하겠다는 이야기도 적어보세요. 그리고 여러분의 마음은 부모님이 생각하시는 것보다 훨씬 더 어리고 상처를 잘 받는다고 적어보세요. 마지막으로 세상 누구보다도 부모님을 사랑한다고 꼭 적어보세요.

편지를 쓰고 나면 부모님만 편지를 읽을 수 있도록 몰래 전해 드려요. 여러분의 사랑과 진심을 담은 편지를 받은 부모님은 무척 기뻐하실 거예요. 여러분이 부모님을 얼마나 사랑하고 감사해 하는지를 잘 알게 되실 테니까요. 그리고 여러분 마음이 얼마나 속상했을지 함께 공감하게 되실 거예요. 다른 형제자매와 마찬가지로 여러분은 부모님께 가장 소중한 존재니까요.

부모님께서 친구와 비교하며 혼을 내실 때가 있나요? 이럴 때도 부모님께 말로 화를 내지 말고 여러분의 마음을 편지로 전해 보세요. 부모님께서 여러분의 마음을 알게 되시면 여러분의 마음을 훨씬 잘 이해해 줄 수 있어요.

## 10
## 엄마 아빠가 매일 싸워요

부모님이 다툼을 자주 하셔서 마음이 많이 무겁죠?

우선 꼭 기억해야 할 것이 있어요.
**부모님이 싸우시는 원인은 절대 여러분 때문이 아닙니다.**
그러니 여러분 자신을 탓해서는 안 돼요.

부모님이 다투실 때 자리를 비울 수 있다면 다른 곳으로 가는 것이 좋아요.
방에 들어가서 이어폰을 꽂고 음악을 크게 들어요. 가능하면 부모님께서 싸우시는 모습과 소리에서 최대한 멀어지도록 해요. 음악은 여러분이 가장 좋아하는 가수의 노래를 틀어요. 신나는 음악도 좋고 차분한 음악도 좋아요. 마음을 편안하게 해주는 노래를 듣는 거예요.

그래도 마음이 쿵쾅거리고 불안하다면 오른손으로 가슴 한가운데를 위에서 아래로 천천히 쓰다듬어요. 그리고 이렇게 속으로 되뇌어요. "엄마 아빠가 다투시는 이유는 나 때문이 아니야. 곧 사이좋게 화해하실 거야."라고요.

이제 종이와 펜을 꺼내서 부모님께 편지를 써보세요.
우선 부모님을 사랑한다고 적어요. 그리고 부모님이 싸우는 모습을 볼 때 내 마음이 어떤지, 또 어떤 생각이 드는지 쓰세요. 부모님이 다투지 않고 사이좋게 지내시면 좋겠다는 마음도 써보세요. 엄마 아빠를 사랑한다는 말을 한 번 더 쓰고 편지를 마무리하면 됩니다. 이 편지는 꼭 두 분 다 읽으셔야 한다는 말을 덧붙여주세요.

여러분의 편지를 부모님이 받는다면 예전보다 다툼을 줄이기 위해 서로 노력하실 거예요. 여러분은 부모님의 가장 소중한 존재이기 때문이죠.

어른들은 간혹 우리가 이해할 수 없는 이유로 다툼도 하시고 화해도 해요. 그러니 다투실 때마다 너무 속상해하거나 불안해하지 않아도 괜찮아요. 시간이 지나면 자연스럽게 두 분의 사이는 다시 좋아지실 거예요. 너무 걱정하지 말아요. 다 잘될 거예요.

> 만약 부모님의 싸움이 너무 커져서 한 분이 폭력을 쓸 때는 자리를 잠시 피해서 112에 꼭 전화하세요. 지금 벌어진 일을 이야기하고 집 주소를 알려주면 경찰의 도움을 받을 수 있어요. 또는 부모님 중 한 분이 여러분에게 폭력을 사용한다면 담임 선생님께 꼭 말씀드려야 합니다. 선생님께서는 여러분의 말을 듣고 도움을 주실 거예요. 여러분 주변에는 도움을 줄 어른이 많다는 것을 꼭 기억하세요!

태어날 때부터 사고력이 높은 사람은 거의 없어요.
우리는 자라는 동안 사고력을 조금씩 키워나가요.
독서, 체험, 생각, 실험 등을 통해서 말이죠.

# 2부
# 공부와 학교

## 11
## 공부가 너무 싫어요

생각만 해도 머리가 아파지는 공부 때문에 많이 힘들죠?

공부하라는 잔소리에 투정도 제대로 못 부리고 책상에 앉아 있어야 하니 정말 울고 싶은 마음이 들기도 해요.

이 고민을 해결하기 위해서는 먼저 두 가지를 기억해야 해요.

### 1. 공부는 왜 이렇게 하기 싫은지 이유를 알아내야 해요.

어떤 고민이든 왜 그런 고민이 생기게 되었는지 이유를 알아내야 해결 방법을 찾을 수 있기 때문이에요.

### 2. 공부 스트레스를 이겨내겠다는 단단한 마음이 필요해요.

고민을 피하기만 하면 고민을 해결할 수 없어요. 나는 반드시 이 고민을 해결하고 말겠다는 마음을 가져야 고민을 이겨낼 수 있어요. "난 공부가 너무 싫어! 공부 안 할 거야!"보다는 "나를 괴롭히는 이 공부라는 고민을 반드시 해결하고 말겠어!"라고 마음 먹어야 해요.

공부가 너무 하기 싫은 이유는 공부를 해야 하는 이유, 즉 공부의 목적이 무엇인지 알지 못한 채 그저 책상에 앉아서 억지로 공부를 하기 때문이에요.

고등학생들에게 공부를 왜 하냐고 물으면, 시험을 잘 보기 위해서라고 해요. 시험을 잘 보려는 목적이 뭐냐고 물으면, 원하는 대학에 가기 위해서라고 대답하죠. 원하는 대학에 가려는 목적이 뭐냐고 물으면, 좋은 직장에 취업하기 위해서라고 해요. 좋은 직장에 가려는 목적이 뭐냐고 물으면, 안정적으로 돈을 많이 벌기 위해서라고 합니다. 돈을 많이 벌려는 목적이 뭐냐고 물으면, 하고 싶은 것을 마음대로 하기 위해서라고 하죠.

이제 마지막 질문을 던져봅니다. 하고 싶은 것을 마음대로 하려는 목적이 뭐냐고 물어봅니다. 대부분의 학생은 이 질문에 답을 못 합니다. 거기까지 깊게 생각해 보지 않았기 때문이죠.

우리가 공부하는 목적, 우리가 게임을 하는 목적, 우리가 맛있는 것을 먹으려는 목적 등 모든 목적의 최종 종착지는 무엇일까요?

바로 우리가 행복해지기 위해서랍니다.
목적의 끝은 바로 행복이랍니다.

고대 그리스의 철학자 아리스토텔레스는 "행복은 모든 것들의 마지막 목적이다."라고 했어요.

이제 여러분이 행복에 관해서 생각해 볼 차례예요.

**나에게 행복이란 무엇일까?**
**진정한 행복이란 어떤 것일까?**
**아무것도 안 하고 놀기만 하는 것이 진짜 행복일까?**
**어른이 되었을 때 나는 어떻게 행복해질 수 있을까?**

일기장에 행복이란 무엇인지 써보세요.
그리고 부모님과 함께 대화도 나눠보세요.

모든 목적의 끝이 '행복'이라는 걸 알게 되었어요.
이제 어떤 수단을 이용해 그 행복에 이를 것인지를 찾아야 해요.

수단을 찾는 방법은 행복을 찾아가던 순서와 반대로 생각하면 돼요.

만약 여행을 떠날 때 행복을 느낀다고 가정해 볼게요. 여행을 마음껏 다니기 위해서는 무엇이 필요할까요? 외국어 실력도 필요하고 돈도 필요해요. 돈을 얻기 위해서는 무엇이 필요할까요? 직업이 필요하겠죠? 직업을 얻기 위해서는 무엇이 필요할까요? 자격증이나 실력 그리고 대학교 졸업장이 필요할 수도 있겠지요? 대학교에 들어가려면 무엇이 필요할까요? 그 대학에서 원하는 성적이 필요할 겁니다. 성적을 높이기 위해서는 무엇이 필요할까요? 열심히 공부하는 성실한 자세와 노력이 필요하겠지요?

 여러분이 행복해지기 위한 수단을 얻기 위해서 공부가 필요하다면 당당하게 공부를 열심히 하면 된답니다. 내가 공부를 해야 하는 목적을 확실하게 아는 사람은 공부 때문에 빚는 스트레스가 매우 적어요. 내가 하고 싶은 것을 하기 위해서 하는 공부는 덜 힘들기 때문이에요.
 만약 공부가 아닌 다른 노력이 필요한 길을 찾는다면 그 노력을 열심히 하면 돼요. 땀 흘려 열심히 기술을 익히고 재능을 키워서 자신의 길을 찾아가면 되지요. 무엇을 선택하든 가장 중요한 것은 여러분이 행복해지는 거예요. 여러분은 행복할 자격이 있는 사람이니까요.

> 큰 종이에 행복 지도를 그려보아요. 맨 위에 '행복'을 쓰세요. 그리고 나는 언제 행복한지 그 밑에 적어보세요. 그 행복을 누리기 위해서 필요한 것들을 적어보세요. 공부가 필요한 것들도 찾아보고 공부 이외에 다른 노력이 필요한 것도 찾아보세요. 이렇게 행복 지도를 그려가다 보면 자연스럽게 '진로 찾기'도 함께 해볼 수 있답니다.

## 12
## 학원 가기가 싫어요

학원 가는 것이 싫은 이유는 무엇일까요?

- 학원 수업이 마음에 들지 않아서
- 수업을 함께 듣는 친구가 싫어서
- 학교에서 했는데 또 공부하려니 힘들어서

보통 이 세 가지 이유 중 하나예요.

먼저, 학원 수업이 마음에 들지 않는다면 어떻게 해야 할까요?
　이럴 때는 부모님과 진지하게 이야기를 나누는 것이 좋아요. 학원 수업이 왜 나에게 맞지 않은지 천천히 대화를 나눠보세요. 내 수준보다 어렵게 수업을 해서 싫은 건지, 아니면 반대로 쉬운 것만 가르쳐서 재미가 없는 건지 이유를 알아야 해요. 그런 뒤 학원을 옮기거나 수업을 조정하는 것에 대해 부모님과 함께 결정하면 돼요.

함께 다니는 친구가 싫어서라면 어떻게 해야 할까요?
　이것도 부모님과 함께 대화를 나눠야 해요. 친구가 나를 괴롭히거나 놀려서 싫은 거라면 부모님께 솔직하게 말씀드려요. 부모님은 세상 누구보다 나를 아끼고 사랑하신답니다. 내 고민을 진지하게 들어주고 좋은 해결책을 마련해 주실 거예요.

문제는 학교에서 공부했는데 또 공부를 하려니 힘든 경우예요.

학교에서 아침부터 오후까지 수업 들으며 공부하느라 얼마나 힘든가요? 학교가 끝나면 한숨 돌리고 즐겁게 놀아야 하는데, 바로 학원에 가서 또다시 수업을 들어야 한다니요. 심지어 하루에 학원을 세네 군데씩 다니는 친구들도 있다고 해요. 놀지도 못하게 학원에 나를 밀어넣는 부모님이 원망스러울지도 몰라요.

하지만 잠시 화를 가라앉히고 부모님 마음을 생각해 보면 어떨까요?

부모님은 내가 좋은 성적을 얻어서 원하는 학교에 진학하고, 어른이 되어 좋은 직장을 얻길 바랍니다. 여러분의 비싼 학원비를 내기 위해 때로는 부모님이 하고 싶은 것, 사고 싶은 것을 참기도 해요.

그런 부모님의 마음을 알아도 학원 가는 일은 내키지 않을 수 있어요. 나는 학원에 가는 것이 너무 싫은데, 부모님은 내 학원비를 내기 위해 고생하시니 이러지도 저러지도 못 하는 마음이 들 거예요. 그래도 부모님과 진지하게 대화를 나눠보도록 해요.

부모님께 학원 때문에 힘들다고 말씀드릴 때는 어떻게 말하는 것이 좋을까요?

우선 부모님이 내 마음을 몰라준다고 화내지 말아요.

**부모님이 가장 원하는 것은 여러분의 행복이에요.**

여러분의 행복을 위해 보내는 학원 때문에 오히려 여러분이 힘들어 한다면 부모님도 속상하시겠죠. 이럴 때는 서로를 위로하고 배려하는 마음을 꼭 가져야 해요.

**정말 학원에 다니고 싶지 않다면,
학원에 가지 않아도 스스로 잘할 수 있다는 믿음을 드려야 해요.**

하루에 얼마나 공부를 할 것인지, 어떤 성적을 보여줄 것인지 체계적으로 계획을 짜고 매일 공부한 내용을 부모님께 확인시켜주세요. 만약 목표로 세웠던 학습 계획을 실천하지 못하면 언제든지 다시 학원에 다니겠다고 약속을 드리는 것이 좋겠죠.

말뿐만 아니라 행동으로 여러분의 결심을 보여주세요. 부모님께 여러분의 노력과 변화를 보여주세요.

# 13
## 머리가 나쁜가 봐요

"새 학년, 새 학기에는 공부를 열심히 해서 성적을 올리고 말 테야!"
"성적이 오르면 부모님께 자랑도 해야지! 선생님도 칭찬하실 거야!"

이렇게 굳은 다짐을 하고 책상에 앉아서 열심히 공부한 경험이 있을 거예요. 그런데 왜 성적은 마음먹은 만큼 오르지 않는 걸까요?

게임하는 시간, 유튜브 보는 시간까지 줄이고 열심히 공부했는데 말이에요. 정말 답답하고 속상해요. 오르지 않는 성적을 보니 공부고 뭐고 다 그만두고 싶은 마음만 커져요.

우리는 흔히 '머리'가 나빠서 공부를 못한다고 말해요. 그런데 여기서 말하는 '머리'란 뭘까요? 바로 '사고력'을 말해요. 사고력이 높으면 자연스레 공부도 잘하게 되죠.

'사고력'에는 여러 종류가 있어요.

문제 해결 능력, 비판적 사고력, 창의력, 메타인지, 의사소통 능력, 문해력, 공간 지각 능력, 관찰력 등이 모두 사고력과 연관되지요.

사고력은 사람마다 다르게 발달해요. 어떤 사람은 관찰력은 높지만 공간 지각 능력이 낮기도 하고, 어떤 사람은 창의력은 높지만 비판적 사고력이 낮기도 해요. 학교에서 배우는 과목마다 필요한 사고력이 다르기도 하죠. 어떤 과목은 문해력이 더 필요하고, 어떤 과목은 의사소통 능력이 더 필요해요.

그렇다면 '머리가 나쁘다'는 말은 내가 가진 모든 사고력이 다 낮다는 뜻일까요? 그건 아니에요. 공부하는 내용이 잘 이해되지 않는 것은 단지 그 공부에 필요한 사고력을 아직 키우지 않았기 때문이에요. 아직 키우지 않았다는 말은 앞으로 얼마든지 길러낼 수 있다는 뜻이에요.

**태어날 때부터 사고력이 높은 사람은 거의 없어요.**
**우리는 자라는 동안 사고력을 조금씩 키워나가요.**
**독서, 체험, 생각, 실험 등을 통해서 말이죠.**

그렇다면 사고력을 쉽고 재밌게 키울 수 있는 방법은 없을까요?
가장 좋은 방법은 도서관에 가보는 거예요. 우선 그림이 많고 내용이

재미있는 책부터 빌려서 읽어보세요. 한 권, 두 권, 세 권…. 이렇게 책을 읽어나갈수록 사고력은 나도 모르게 쑥쑥 자라게 돼요.

읽었던 내용은 반드시 누군가에게 설명을 해보면 좋아요. 부모님에게든 친구에게든, 어떤 내용의 책이었는지, 읽으며 어떤 생각이 들었는지, 어떤 부분이 재밌었는지를 설명하는 거예요.

설명하기는 사고력을 높여주는 최고의 마법이에요. 때로는 부모님께 책 내용을 퀴즈 형식으로 물어봐달라고 해도 좋아요. 그 질문에 답하는 동안 내 사고력은 또 쑥쑥 자라게 될 테니까요.

# 14
## 어떻게 하면 공부를 잘할까요?

학년이 올라갈수록 공부해야 할 양은 점점 많아지고 내용은 더 어려워져요. 공부를 잘하고 싶지만 아무리 공부해도 좋은 점수를 받지 못해 속상할 때도 많죠.

공부는 성실하게 오래 하는 게 중요해요. 그리고 그보다 더 중요한 것은 공부하는 방법을 제대로 익혀서 실천하는 것입니다. 공부하는 방법을 제대로 배우고 열심히 노력하면 여러분도 원하는 점수를 받을 수 있어요.

공부 방법은 종류가 무척 많아요.
많은 공부법 중에서 여러분이 가장 먼저 알아야 할 방법은 두 가지예요.

## 낱말 뜻을 제대로 이해하기

공부를 제대로 하고 싶다면 교과서와 학습지에 나오는 모든 낱말의 뜻을 제대로 이해해야 해요. 내가 이미 알고 있다고 생각한 낱말도 다시 한 번 공부해야 하죠. 교과서 내용을 이해하려면 문장을 잘 이해해야 하고, 문장을 잘 이해하려면 낱말의 뜻을 확실히 알고 있어야 해요.

6학년 사회 교과서에 나오는 내용의 일부를 살펴볼까요?

"민주주의 발전을 위해서는 **시민**들이 적극적으로 문제 해결에 참여해야 합니다."

여기서 '시민'들이란 어떤 사람들을 말하는 걸까요? 도시에 사는 사람을 '시민'이라고 대충 이해하고 공부를 하면, 시험 문제를 풀기 어려워요.

다음 문제의 답은 무엇일까요?

"사회 전체의 이익을 위해 만든 단체로서 환경, 인권, 복지 등 다양한 문제를 해결하고자 만든 사회 참여 단체는 무엇인가요?"

벌써 머리가 지끈지끈할지도 모르겠네요. 낱말 뜻을 제대로 이해했다면 너무 쉽게 문제를 풀 수 있지만, 무턱대고 교과서와 학습지를 외우는 식으로 공부를 했다면 풀기 어려운 문제랍니다. '시민'의 뜻은 '사회 문제를 해결하기 위해 정치에 참여하는 사람들, 또는 정치에 참여할 수 있는 사람들'이라는 뜻이에요.

'시민'과 뜻이 헷갈릴 수 있는 낱말로는 '국민', '주민' 등이 있어요.

**국민 : 그 나라의 국적이 있는 사람들**
**주민 : 그 동네에 사는 사람들**

대통령이 한국 국적을 가진 모든 사람에게 연설할 때는 "사랑하는 주민 여러분!"이 아니라 "사랑하는 국민 여러분!"이라고 한답니다. 어느 지역에 거주하고 있는 것을 증명하는 서류의 이름은 '국민 등록 등본'이 아니라 '주민 등록 등본'이라고 한답니다.

또 도시에 사는 사람들을 말하고 싶을 때는 '○○시 주민'이라고 해야 한답니다. 낱말 뜻을 제대로 알게 되면 문장도 이해가 쉬워지고 문제도 풀기 쉬워진답니다.

그렇다면 다시 앞의 문제를 살펴볼까요?

사회 문제를 해결하기 위해 일반인들이 참여한 단체의 이름은 '국민단체'일까요? 아니면 '주민단체'일까요? 정답은 바로 '시민단체'입니다. '시민'이라는 낱말의 뜻 자체가 '사회 문제를 해결하기 위해 정치에 참여하려는 사람'이라는 뜻인 것을 알면 문제를 쉽게 풀 수 있답니다.

낱말 뜻을 제대로 공부하면 어려운 문장도 쉽게 읽을 수 있답니다.
다음 문장에서 '시민권'이라는 단어를 천천히 살펴볼까요?

"저는 미국 **시민권**자입니다!"

'권'은 권리, 권한의 줄임말입니다. '시민'의 뜻은 뭐였죠? '정치에 참여할 수 있는 사람'이라는 뜻이었습니다. 뜻을 풀이해 보면 '정치에 참여할 수 있는 권리'가 되겠죠?

즉, '미국 시민권자'라는 뜻은 미국에 살면서 미국 대통령 선거에서 투표할 권리와 미국 국회의원 선거에서 투표할 권리 등이 있는 사람이라는 뜻이 됩니다.

이처럼 낱말 뜻을 제대로 이해하면 교과서와 학습지 내용을 제대로 공부할 수 있답니다. 그리고 어려운 책도 쉽게 읽을 수 있는 힘이 생기지요.

## 다른 사람에게 설명하면서 공부하기

공부를 제대로 하고 싶다면 다른 사람에게 자신이 공부한 내용을 설명해 보아야 합니다. 설명을 할 수 없다면 제대로 알고 있는 것이 아니기 때문이에요.

공부를 했기 때문에 다 알고 있다고 생각했지만, 누군가에게 설명하려고 하면 말이 제대로 나오지 않을 때가 많아요. 다른 사람에게 공부한 내용을 설명하게 되면 여러 가지 좋은 점이 있답니다.

### 내가 공부를 제대로 했는지 알 수 있어요.

공부라는 것은 머릿속에 지식을 집어넣기만 해서는 안 돼요. 머리에 제대로 들어갔는지 확인하기 위해 내용을 다시 끄집어내 보아야 해요. 그래서 다른 사람에게 설명을 자주 해보아야 합니다.

### 내용을 더 쉽게 이해할 수 있어요.

"한 시간 동안 교과서 봐야지." 하고 공부할 때와 "지금 내가 공부하는 내용을 부모님께 어떻게 하면 쉽고 자세히 설명할 수 있을까?" 하고 공부할 때는 효과가 매우 다르답니다.

다른 사람에게 설명하려면 내용을 확실하게 알아야 해요. 그리고 이 내용을 잘 모르는 사람에게 설명해야 하니 어떻게 하면 더 쉽고 재밌게 설명할 수 있을지 고민하게 되죠. 그러면서 자연스럽게 공부를 잘할 수 있게 된답니다.

### 공부가 재밌어져요.

혼자서 책상에 앉아 책을 읽을 때보다 다른 사람에게 수다를 나누듯이 설명하는 공부가 훨씬 재밌답니다. "열심히 공부해서 친구들에게 멋지게 설명해 줘야지." 하는 마음으로 하면 싫었던 공부가 훨씬 재밌어져요.

## 15
## 급식이 맛이 없어요

세상에는 맛있는 게 참 많아요. 먹방 유튜버들이 먹는 음식을 보면 침이 사르르 고이기도 하죠. 치킨, 피자, 떡볶이, 햄버거…. 나의 입맛을 채워줄 달콤한 음식은 셀 수 없이 많아요.

그런데 우리 학교 급식은 왜 이리 맛이 없을까요?

학교 생활에서 가장 즐거운 시간인데, 급식이 내 입맛에 맞지 않거나 맛이 없으면 정말 속상한 일이에요. 그렇다고 매번 급식 투정을 부릴 수도 없지요.

가장 슬픈 일은 학교 급식을 내 입맛에 맞게 바꿀 수가 없다는 거예요. 그렇다고 부모님께 매일 맛있는 도시락을 싸달라고 부탁드릴 수도 없어요. 급식이 맛있다고 소문난 학교도 있지만 그 이유만으로 전학을 갈 수도 없고요.

우리가 급식을 먹을 때 스트레스를 받는 이유는 뭘까요?
너무 맛있는 급식을 기대하기 때문이 아닐까요?
기대는 높은데 맛이 기대에 미치지 못하니 실망도 커지고 스트레스를 받게 돼요. 하지만 학교 급식은 내 입맛대로 바꿀 수가 없어요. 그러니 급식에 대해 갖는 '기대'를 나 스스로 조절해 보는 것은 어떨까요?

"나는 정말 맛있는 음식을 먹고 싶지만, 잠시 욕심을 버리겠어."
"영양 선생님도 다 생각이 있으셔서 그렇겠지. 다 우리 건강해지라고 만든 음식 아니겠어?"
"몸에 좋은 약은 원래 쓰다던데, 그래도 쓰진 않잖아?"

욕심을 줄여나가는 것은 쉬운 일이 아니에요. 맛있는 점심을 원하는 우리에게는 더욱 어려운 일일지 몰라요. **하지만 급식 때문에 스트레스를 받지 않는 것이 우리에게는 더 중요하잖아요?**

그리고 우리가 잊지 말아야 할 것이 있어요. 급식을 만들어주시는 영양 선생님은 여러분이 건강하고 튼튼하게 자랄 수 있도록 도와주신답니다. 그런 도움을 주는 활동을 우리는 '교육'이라고 부릅니다. 교육 활동에는 지식을 알려주는 일, 인성을 길러주는 일과 함께 몸을 튼튼하게 자라도록 도와주는 일도 있답니다.

체육 시간에 운동만 열심히 한다고 해서 키가 쑥쑥 크고 몸이 건강해질까요? 아니에요. 무엇보다 건강한 음식을 꾸준히 먹어야 한답니다. 우리 몸이 튼튼하게 자라기 위해서는 다양한 영양소를 골고루 섭취해야 하죠.

만약 여러분이 좋아하는 음식만 매일 주는 영양 선생님이 계신 학교가 있다면 무슨 일이 생길까요?

매일 햄버거, 피자, 치킨, 돈가스, 케이크, 초콜릿, 아이스크림, 콜라만 급식으로 나온다면 처음에는 너무 맛있겠죠. 하지만 그런 음식만 계속 먹으면 어떻게 될까요? 여러분의 신체는 제대로 자라지 않을 거예요. 당뇨병, 고혈압, 심근경색 등 이름도 어려운 병에 걸리는 학생도 매우 많아질 거예요.

영양 선생님들도 여러분에게 맛있는 음식을 주고 싶은 마음이 크답니다. 하지만 여러분의 건강을 해칠 수는 없으므로 많이 고민하며 매일매일 음식을 만들고 계신답니다.

학교 급식도 '교육' 활동의 한 부분이며, 학교 급식을 꼭꼭 잘 씹어 먹어야 여러분의 몸이 튼튼해진다는 점을 꼭 기억하세요. 그리고 여러분의 건강을 위해 애쓰시는 영양 선생님의 마음을 이해하려 노력하고 감사의 마음을 가져보는 것은 어떨까요?

안타깝지만 급식은 다른 학교도 거의 비슷한 맛이에요. 다른 학교 영양 선생님들도 여러분의 건강을 제일 먼저 고민하시기 때문이지요. 이 안타까운(?) 현실은 중학교, 고등학교, 대학교에 가도 똑같아요. 그런데 참 신기한 것은 학년이 올라갈수록 학생들의 입맛이 바뀌어서 학교 급식을 맛있다고 생각하게 된다는 거예요. 이처럼 사람의 입맛은 늘 변해요. 지금은 학교 급식이 맛이 없어서 속상하겠지만, '이건 어쩔 수 없는 현실이구나' 하고 생각하고, 내 건강을 위해서 맛있다고 생각하면서 먹어볼까요? 그러다 보면 어느새 키도 쑥쑥 자라고 몸도 튼튼해져 있을 거예요.

# 16
## 담임 선생님이 불편해요

여러분은 학교에서 얼마나 많은 시간을 보내나요?

생각보다 꽤 오랜 시간을 학교에서 친구들, 그리고 담임 선생님과 함께 지내고 있죠? 아마도 잠자는 시간을 제외하면 부모님보다 더 많은 시간을 선생님과 함께 보내고 있어요.

그런데 담임 선생님과 사이가 불편하면 얼마나 힘들까요?
하지만 마음이 맞지 않는다고 해서 담임 선생님을 내 마음대로 바꿀 수는 없어요. 한 번 정해지면 일 년 동안 같은 교실에서 함께 생활해야 하죠.

### 살아가는 동안 항상 내 마음에 맞는 사람과 함께 지내긴 힘들어요.

어른이 된 후에도 때로는 마음에 맞지 않는 사람과 잘 지내야 하는 시간도 있답니다. 그러니 담임 선생님을 바꿀 수 없다면 내 마음을 좀 더 편하게 바꿔보면 어떨까요? 마음에 들지 않는 사람과도 함께 지내는 법을 배우는 기회로 삼는 거예요.

어른이 되면 회사에서 내 마음에 맞지 않는 사람과 동료가 될 수도 있고, 정말 싫은 사람을 상사로 만날 수도 있어요. 물론 웹툰 작가나 작곡가처럼 혼자서 일하는 직업을 가질 수도 있지만, 이 경우에도 결국 다른 사람과 함께 일을 해야 해요. 예를 들면, 내가 만든 만화를 인터넷에 올려줄 담당자와 함께 일을 해야 하고, 내가 만든 노래를 가수에게 주면서 서로 대화를 나누기도 해야 하죠. 그때마다 누군가가 마음에 들지 않는다는 이유로 무작정 멀리하거나 싫어할 수 있을까요?

만약 담임 선생님이 싫거나 불편하다면 그 이유가 무엇인지 한번 찾아보세요. 선생님의 외모나 성격, 말투가 그냥 싫은가요? 아니면 자꾸 나한테 잔소리를 해서 싫은가요?

지금은 담임 선생님이 마음에 들지 않는다는 이유로 수업도 대충 듣고 선생님 말씀을 못 들은 척할지도 몰라요. 하지만 중고등학교에 진학해서도 담당 과목 선생님이 싫다고 수업에 열심히 참여하지 않으면 공부를 제대로 하기 힘들어져요.

이제 생각을 조금 바꿔보아요.

'세상 모든 일이 내 마음대로 되지 않는다는 걸 배우는 한 해가 되겠구나.' 하고 마음을 내려놓는 거예요. 그리고 선생님의 싫은 모습만 보지 말고, 좋은 모습도 찾으려고 노력해 봐요. 선생님이 하시는 말씀 중에 나한테 도움이 되는 말을 찾아보는 거예요. 우리가 멋지게 자라길 바라서서 하시는 말씀이라면 마음을 열고 귀담아들어야 하겠죠?

세상에는 다양한 사람들이 함께 살아가요. 싫어하는 사람과 함께해야 하는 것은 누구에게나 힘든 일이에요. 하지만 싫어하는 사람에게 싫은 티를 내지 않고 원만한 사이로 지낼 줄 아는 것도 중요한 삶의 자세랍니다.

담임 선생님과의 사이를 회복하기 위해서는 어떻게 해야 할까요?
우선 담임 선생님의 장점을 찾아보세요. 담임 선생님의 장점을 일주일에 한 개씩 탐정처럼 수사해서 찾아 적어보는 거예요. 또 담임 선생님이 좋아하는 행동을 조사한 후에 어려운 임무를 수행하는 스파이처럼 몰래 그 행동을 하나씩 실천해 보세요. 그리고 내가 싫어하는 담임 선생님의 모습을 적은 뒤 혹시 내가 그러고 있지는 않은지 내 모습을 되돌아보세요. 그렇게 조금씩 노력하다 보면 담임 선생님과의 사이도 회복되고 여러분도 더 멋진 사람으로 변해 갈 거예요.

이건 그 누구의 잘못도 아니에요.
달라진 사람의 잘못도 아니고 달라지지 않은 사람의 잘못도 아니에요.
그저 서로 잘 맞지 않게 되었을 뿐이에요.
이때는 서로의 성향을 존중하고 이해해 주는 것이 중요해요.

# 3부
# 친구

# 17
## 싫은 친구와 같은 반이 되었어요

새 학년 반 배정을 받았는데 평소에 싫어하던 아이와 같은 반이 되었나요? 내 마음대로 반을 바꿀 수도 없고, 한 해를 함께 생활해야 하니 속상하고 마음이 답답한가요?

싫어하는 친구와 같은 반이 되었을 때 가장 중요한 것은 갈등을 키우지 않는 거예요.

그 아이 앞에서 싫은 티를 내거나, 다른 친구들한테 그 아이 욕을 하거나 뒷담화를 하지 않는 거죠. 말은 돌고 돌아 언젠가 모든 사람이 듣게 돼요. 입장을 바꿔서, 내가 싫어하는 그 아이가 다른 친구들에게 내 욕을 하고 다닌다고 생각해 보세요. 그 아이가 더 밉고 화가 나겠죠?

내가 누군가를 싫어한다고 해서 다른 사람도 그 사람을 싫어하길 바라는 것을 우리는 따돌림이라고 해요. 따돌림은 나쁜 행동이에요. 나랑 친하게 지내는 친구가 있는데, 내가 싫어하는 아이가 그 친구에게 "저 아이와 놀지 마!"라고 말하면 기분이 어떨까요? 싫겠죠? 또 그 아이가 내가 좋아하는 아이와 나보다 더 친하게 지낸다고 해서 질투할 필요도 없어요.

누군가를 미워하는 마음은 누구에게나 힘든 일이에요. 최대한 신경을 쓰지 않으려고 해야 마음이 편해져요. 미워하는 마음이 커지면 결국 손해를 보는 것은 나예요.

학교에서는 모둠 수업을 할 때가 있어요. 싫어하는 아이와 같은 모둠이 될 수도 있어요. 이때도 싫어하는 티를 내지 말아요. 그냥 수업 시간에 해야 할 일에 집중해요. 싫다는 마음에 집중하게 되면 수업도 망치고 짜증만 더 나게 돼요. 미움을 키우지 않는 것, 싸움이 일어나지 않게 하는 것이 결국 내 마음을 지키는 일이에요.

살면서 만나는 모든 사람과 마음이 맞고 친구가 되기란 사실 불가능해요. 어른이 되어서도 마찬가지예요. 내가 원하는 직업을 얻고 내가 가고 싶었던 회사에 들어가도 나랑 맞지 않는 사람과 함께 일을 해야 할 때가 많아요. 그럴 때마다 나와 맞지 않는 사람을 미워하고 싸울 수는 없어요. 맘에 들지 않는 사람과도 잘 지낼 줄 아는 사람이 되는 것은 어른이 되어서도 중요한 일이에요.

그리고 한 가지 더!
우리가 어떤 사람을 미워하고 싫어하게 되는 이유 중 하나는 서로 오해를 했기 때문인 경우가 많아요. 서로 잘못된 소문을 듣거나, 그 사람의 좋은 모습을 보지 못했기 때문이에요. 그 아이와 다툼 없이 일 년을 함께 지내다 보면 서로의 좋은 모습을 발견하게 될지도 몰라요. 그러다 보면 서로 좋은 친구가 될 수도 있죠. 그러니 미워하는 마음은 잠시 거두고 사이좋게 지내려고 노력해 봐요.

 tip

어떤 친구가 나를 괴롭힌 적이 있거나 따돌려서 같은 반에 있는 것이 싫은 것이라면 담임 선생님께 꼭 말씀드려요. 어떤 일이 있었는지 자세히 알려드리면 선생님께서 도움을 주실 수 있어요.

## 18
## 친구들에게 따돌림을 당해요

친구들에게 따돌림을 당했을 때는 가장 먼저 담임 선생님께 꼭 말씀드려야 해요. 여러분 혼자서 해결할 수 있는 일이 아니기 때문이에요.

담임 선생님은 학급의 모든 학생들이 서로 사이좋게 지내길 바라는 마음으로 늘 고민하는 분이에요. 하지만 학생들 사이에서 벌어지는 모든 일을 다 알기란 쉽지 않아요. 여러분에게 이런 일이 있었다는 사실을 알게 되면 선생님께서도 문제를 해결하기 위해 함께 고민해 주실 거예요.

선생님이 문제 해결을 위해 노력하시는 동안 여러분도 용기를 내서 노력해야 할 것이 있어요. 무엇보다 따돌림은 여러분의 잘못 때문에 생긴 일이 아니라는 점을 기억해요. 반 친구들이 나에 대해서 어떻게 생각하든 여러분은 자신을 사랑하고 아껴주어야 해요.

친구를 따돌리는 학생은 아직 성숙하지 못한 사람이에요. 그래서 자신이 하는 행동이 얼마나 나쁜 행동인지를 잘 몰라요. 하지만 어떤 이유에서든 다른 사람을 무시하고 따돌리는 것은 잘못된 행동이에요.

담임 선생님께서 함께 노력해 주시면 이제부터는 아이들과 친하게 지낼 수 있다고 생각해야 해요. 서로에게 쌓인 오해가 풀리면 예전보다 훨씬 더 좋은 사이가 되기도 해요. 친구들과 더 사이좋게 지내기 위해 어떻게 행동하면 좋을지 담임 선생님께 꼭 물어보세요.

이 고민이 해결되고 나면 이제 여러분이 해야 할 일이 있어요.

반에 따돌림을 당하는 다른 친구가 있다면 여러분이 먼저 다가가 친한 친구가 되어주세요. 따돌림을 심하게 당하는 친구가 있다면 담임 선생님께 조용히 찾아가 친구의 고민을 알려주세요.

> 담임 선생님께 직접 말씀드리기 어렵다면 지금 읽고 있는 페이지에 종이를 끼워 이 책을 선생님 책상 위에 올려놓아 보세요. 종이에는 '이 페이지를 꼭 읽어주세요.'라고 적어보세요.

# 19
## 친구 사귀기가 어려워요

새로 만난 사람과 금세 친해지기는 참 어려운 일이에요. 물론 새 친구를 금방 사귀는 사람도 있어요. 이처럼 사람마다 친구를 대하는 방법도, 친구를 사귀는 데 걸리는 시간도 많이 달라요.

새 학년이 되어 친구를 잘 사귈 수 있는 방법은 없을까요?

## 자존감을 키우고 나를 먼저 사랑해요

자존감이란 다른 사람이 뭐라고 하든, 내가 공부를 잘하든 못하든, 외모가 맘에 들든 맘에 들지 않든 상관없이 있는 그대로의 자기 자신을 사랑할 줄 아는 마음이에요. 다른 사람과 나를 비교하지 않고 있는 그대로의 나를 사랑하는 일이죠.

자존감을 높이는 방법 중 하나는 매일 아침 거울을 보며 큰 소리로 이렇게 말하는 거예요.

난 나를 사랑해!
난 지금도 내가 좋지만 앞으로 더 멋진 사람이 될 거야!
난 나를 사랑해!
난 내가 너무 소중해!

    이렇게 거울을 보며 자신 있게 외치다 보면 자존감도 높아지고 자신감도 함께 생긴답니다.

    나를 소중하게 여기는 사람은 다른 사람도 소중하게 대할 수 있어요. 다른 사람을 소중하게 대해 주면 서로 마음을 열고 친구가 될 수 있어요.

## 친구에게 먼저 인사해요

    아침에 학교에서 반 친구들을 만나면 부끄러워하지 말고 손을 들고 먼저 반갑게 인사해 보세요.
    "안녕?"

"오늘도 좋은 아침!"
"반가워!"

짝꿍이 자리에 앉을 때도 먼저 인사해요. 헤어질 때도 인사를 반갑게 나누세요. 인사를 나누다 보면 서로에게 좀 더 익숙해지면서 마음이 열리게 돼요.

### 함께 놀자고 먼저 말해요

"나도 같이 놀아도 돼?"
"나랑 같이 놀자."

쑥스러워하지 말고 용기 내서 함께 놀자고 말해 보세요. 말을 해주지 않으면 친구들은 여러분이 함께 놀고 싶어 하는지 아닌지를 알 수가 없어요. 함께 놀자고 말을 하지 않으면 노는 것을 싫어하는 아이로 오해할 수도 있죠. 친구들도 여러분이 함께 놀자고 말하면 기뻐할 거예요.

### 친구의 이야기를 공감하며 들어주어요

공감(다른 사람의 마음을 상상하고 그 마음을 함께 느끼는 것)을 잘해 주면 친구는 금세 여러분에게 마음을 열 수 있어요.

사람은 누구나 자신의 이야기를 잘 들어주는 사람을 좋아해요. 친구의 말을 듣다가 내가 할 이야기가 생각났다고 해서 친구의 말을 중간에 끊지 말아요. 친구가 이야기할 때는 친구의 마음에 귀를 기울여보세요. 친구가 아팠다고 이야기하면 마치 내가 아픈 것처럼 함께 공감하며 들어주세요. 친구가 맛있는 음식을 먹었다고 이야기하면 마치 내가 먹은 것처럼 상상하며 들어주세요.

## 수업 시간에 열심히 공부해요

공부를 열심히 하는 학생은 친구를 더 잘 사귀어요. 선생님 말씀에 귀를 기울이고 활동 시간에 최선을 다해 즐겁게 수업에 참여하는 학생이 되어보세요. 수업이나 활동을 할 때 다른 친구의 의견을 무시하고 내 의견만 내세우거나, 무조건 내가 돋보이고 싶어서 다른 사람을 무시하면 안 돼요.

우리 반의 모든 친구와 사이좋게 지낼 수는 있지만, 친구들 모두와 친한 사이가 될 수는 없어요. 그러니 반에 친한 친구가 없거나 적다고 해서 너무 고민하지 말아요. 반 친구들과 사이좋게 지내다 보면 언젠가 꼭 정말 친한 친구를 사귈 수 있게 된답니다.

## 20
# 친한 친구와 사이가 멀어졌어요

정말 친했던 친구가 갑자기 멀어지면 마음이 매우 힘들죠?

이 고민을 해결하기 위해서는 가장 먼저 문제의 원인을 천천히, 그리고 진지하게 알아보아야 해요. 친구와 멀어지게 되는 이유는 보통 다음의 세 가지 경우예요.

##  친구가 갑자기 바빠졌어요

먼저 친구가 갑자기 바빠진 경우예요. 다녀야 하는 학원의 수가 늘어나거나 부모님이 원하는 공부 시간을 채우다 보면 갑자기 바빠질 때가 있어요. 친구와 놀고 싶지만 그렇지 못하고 공부에 집중하다 보면 자연스레 친구와 멀어지는 경우가 있답니다.

그럴 때는 친구를 잠깐이라도 만날 수 있을 때 더 반갑게 인사해요. 친구가 얼마나 고생하는지 공감하면서 위로해 주어요. 같이 어울리지 못해서 친구 역시 미안한 마음을 느낄 거예요. 친구를 이해하고 따뜻하게 대해 준다면 더 좋은 우정을 쌓을 수 있어요.

## 2 서로 오해가 쌓였어요

둘 사이에 오해가 쌓였을 수도 있어요. 우리는 말실수도 하고 때로는 자기도 모르게 상대를 불편하게 하고 상처를 주기도 해요. 친한 사이일수록 서로 배려하고 신경을 써야 더 좋은 친구가 될 수 있어요.

어쩌면 내가 무심코 했던 말이나 행동이 친구의 마음을 아프게 했을지도 몰라요. 나는 전혀 그럴 생각이 없었지만, 그 친구는 내가 자기를 미워해서 그런 일을 했다고 오해했을지도 몰라요.

오해가 있다고 생각하면 친구에게 시간을 내서 대화하자고 먼저 말해 봐요. 그리고 혹시 내가 너에게 상처를 준 적이 없는지 조심스레 물어봐요. 친구가 내 말에 상처를 받았다면 "내가 그런 말을 해서 미안해. 용서해 줘. 다시는 그러지 않을게."라고 말을 건네봐요.

이때 내가 일부러 한 게 아니라는 말은 중요하지 않아요. 우리가 개울가에서 아무 생각 없이 돌을 던졌다고 생각해 봐요. 우리가 의도한 것은 아니지만 그 돌에 맞은 개구리는 크게 아플 수 있거든요. 마찬가지로 내가 아무리 다른 사람의 마음을 아프게 하려고 한 적 없다 하더라도 누군가는 내 행동에 상처를 받을 수 있어요. 그러니 미안하다는 마음을 전하는 것이 먼저예요. 이렇게 오해를 풀고, 서로 아쉬웠던 점을 하나씩 고쳐 간다면 더 멋진 우정을 나눌 수 있어요.

## 3 성향이 맞지 않아요

성격이나 좋아하는 것이 달라져서 친구와 멀어질 수도 있어요.

우리는 날마다 자라나요. 키도 자라고 머리도 자라고 마음도 자라납니다. 사춘기를 겪으면서 성격이 갑작스레 바뀌기도 하고, 관심이 가는 것들도 바뀌곤 해요. 어제까지 내성적이던 사람이 갑자기 적극적인 사람으로 변하기도 하죠.

얼마 전까지만 해도 서로 성격도 비슷하고, 좋아하는 놀이, 음식, 연예인, 유튜버, 취미, 만화, 게임도 비슷했을지 몰라요. 그런데 어느 순간 그 친구의 성향이 바뀌었거나, 아니면 나도 모르게 내 성향이 바뀌었을지 몰라요. 그래서 자연스레 친구와 내가 잘 맞지 않는 사이가 되었을 수도 있어요.

이건 그 누구의 잘못도 아니에요. 달라진 사람의 잘못도 아니고 달라지지 않은 사람의 잘못도 아니에요. 그저 서로 잘 맞지 않게 되었을 뿐이에요. 이때는 서로의 성향을 존중하고 이해해 주는 것이 중요해요.

그리고 반드시 기억하고 지켜야 할 것이 있어요. 친구와의 우정을 좋은 추억으로 남기기 위해서는 그 누구도 탓해서는 안 돼요. 나와 멀어진 친구를 탓해도 안 되고, 친구와 멀어진 자기 자신을 탓해도 안 돼요. 더욱이 다른 아이들에게 그 친구의 나쁜 점, 싫은 점을 이야기하거나 욕을 해서는 안 돼요. 그러면 사이가 더 멀어지게 되거나 싸움이 벌어질 수도 있어요.

친구와의 관계가 지금 잠시 멀어졌다고 해서 영원히 멀어지는 것은 아니에요.

선생님도 성향이 맞지 않는 친구와 관계를 끊었던 적이 있어요. 그런데 몇 년 후에 다시 그 친구를 만나게 되었고, 서로의 싫어했던 모습을 솔직하게 이야기 나누었던 경험이 있어요. 조심스럽게 대화를 나누면서 서로 싫은 모습을 고쳐가자고 약속했어요. 그랬더니 지금은 세상 누구보다 친한 사이가 되었답니다.

친한 친구와 멀어져서 지금 당장은 너무 마음이 슬프겠지만 시간이 지나면 자연스레 해결될 거예요. 그러니 너무 걱정 말아요.

## 21
## 친구가 나쁜 행동을 해요

친구가 나쁜 행동을 했을 때는 담임 선생님께 꼭 말씀드려야 해요.

정말 친구를 사랑하고 아낀다면 친구가 나쁜 행동을 하지 않게 도와주어야 해요. 담임 선생님께 말씀드린 것을 친구가 알게 될까봐 걱정할 필요는 없어요. 여러분은 친구를 사랑하기 때문에 도와주려 했다는 점을 기억하면 돼요.

친구의 나쁜 행동을 보고도 사이가 멀어질까봐 모른 척하면 친구는 점점 더 나쁜 행동을 하게 돼요. 그러니 진정으로 친한 친구라면 꼭 담임 선생님께 말씀드려요.

만약에 친구가 나쁜 행동을 함께 하자고 권하면 어떻게 해야 할까요? 이럴 때는 하기 싫다는 말을 분명히 해야 해요. 친구와 잠시 사이가 멀어지더라도 단호하게 거절해야 해요. 지금 당장 마음은 속상하겠지만 친구가 마음을 돌릴 때까지 잠시 떨어져 지내는 것이 좋아요. 나를 정말 친한 친구로 생각한다면 그 친구는 나쁜 행동을 멈추고 다시 여러분과 친하게 지내자고 할 거예요.

나쁜 행동을 멈추게 하는 일은 친구인 내가 해결할 수 없는 일이에요. 반드시 어른의 도움이 있어야 해요. 친구에게 하지 말라고 말만 계속하면 친구는 신이 나서 더 나쁜 행동을 하게 될 수도 있어요. 그러니 담임 선생님께 꼭 말씀드리는 것이 좋아요.

선생님께 왜 말씀드렸냐고 친구가 화를 낼 수도 있어요.

이때 꼭 기억해야 할 것이 있어요. 여러분은 친구를 혼내달라고 고자질한 것이 아니라, 진심으로 사랑하는 친구가 나쁜 행동을 더 이상 하지 않도록 도와달라고 선생님께 부탁드렸다는 걸 잊지 마세요. 친구에게 변명하지 말고 당당하세요. 여러분은 사랑하는 친구의 잘못을 바로잡아주려는 옳은 행동을 했을 뿐이에요.

친구가 서운한 마음에 여러분과 아주 잠시 멀어질 수도 있어요. 이때 꼭 지켜야 할 것이 있어요. 다른 사람에게 친구와 멀어졌다고 이야기하거나, 친구가 잘못된 행동을 했다고 이야기하지 않기로 해요. 이야기는 돌고 돌아 오해를 쌓을 수 있답니다. 그러니 친구의 마음이 돌아올 때까지 여러분은 원래 하던 생활을 하면서 잠시 기다리기로 해요. 진정한 친구라면 이내 서운한 마음을 풀고 여러분과 예전보다 더 친하게 지낼 수 있을 거예요.

## 22
## 짝사랑하는 이성 친구가 있어요

누군가를 좋아하는 마음은 매우 자연스러운 일이에요.

짝사랑하는 아이와 눈만 마주치면 가슴이 콩닥콩닥 뛰고, 고백하고 싶은 마음이 드는 것도 자연스러운 일이랍니다.

짝사랑하는 친구에게 고백을 하고 싶다면 꼭 기억해야 할 두 가지가 있어요. 그 아이가 좋아하는 사람이 되기! 그리고 고백을 거절당했을 때 상처받지 않기!

## 그 아이가 좋아하는 사람이 되어요

누군가를 좋아하는 마음 하나만으로 그 사람과 사귈 수 있을까요?
그 사람도 나를 좋아해야겠죠?

그 아이가 어떤 사람을 좋아하는지 모른다고 해도 걱정할 건 없어요. 내가 좋아하는 다른 사람의 모습을 생각해 보면 답은 쉽게 나옵니다.

여러분은 어떤 친구가 좋나요?

욕을 하는 친구, 잘 씻지 않는 친구, 선생님께 반항하는 친구, 약속을 지키지 않는 친구, 쉽게 화를 내는 친구, 공부는 하지 않고 수업 시간에 장난치는 친구, 다른 사람을 험담하는 친구. 이런 친구들과 친해지고 싶은 마음이 들까요?

그럼 이런 친구들은 어떤가요?

친구를 배려하는 말을 자주 하는 친구, 깔끔한 친구, 선생님 말씀을 잘 듣는 친구, 약속을 잘 지키는 친구, 화를 잘 내지 않는 친구, 수업 시간에 열심히 수업에 참여하는 친구, 다른 사람을 험담하지 않는 친구. 이런 친구와는 친하게 지내고 싶겠죠?

마음을 다스리고 습관을 고치면 여러분도 얼마든지 멋진 사람이 될 수 있어요. 조금씩 나를 더 좋은 사람으로 변화시키면 자신감도 생기지요. 그러면 여러분이 짝사랑하는 그 친구도 여러분의 모습에 관심을 보일 거예요.

그리고 조금씩 그 아이에게 도움을 주거나 같이 할 수 있는 기회를 찾아보세요. 사람은 누구나 자신을 도와주는 사람에게 관심을 두게 됩니다. 그리고 함께하는 시간이 길어질수록 관심은 더욱 크게 생깁니다. 조별 활동을 하거나 체육 시간에 자연스럽게 그 친구와 함께하세요.

좋아하는 마음을 들켜도 괜찮아요. 여러분은 점점 더 좋은 사람이 되어가고 있으니까요. 나 자신을 사랑하고 자신을 발전시킬 수 있는 사람은 다른 사람을 좋아할 때도 자신감이 생기고 자연스레 다른 사람의 사랑을 받게 됩니다.

## 고백을 거절당해도 상처받지 않아요

용기를 내서 고백했지만, 그 친구는 여러분의 마음을 받지 않으려 할 수도 있어요. 내가 아무리 좋은 사람이 되었다 하더라도 그 사람은 나를 좋아하지 않을 수 있어요. 내가 그 아이를 좋아하기로 결정했듯이 그 아이가 여러분을 좋아할지 말지도 그 아이의 선택입니다.

상대방의 선택은 존중해 주어야 해요. 또 그 아이는 나와 '사귀는 사이'가 되기를 거절한 것이지 나의 모든 것을 싫어한다는 뜻이 아니라는 점도 잊지 말아요. 내가 부족하고 못나서 나를 싫어한다고 생각하지 말아요.

짝사랑하는 그 아이와 더 특별한 관계가 되면 좋겠지만, 그게 잘 안 되더라도 너무 실망할 필요는 없어요. 사실 그 친구는 여러분에게 고백받았다는 사실에 기분이 좋았을 거예요. 그러니 친구의 결정을 존중하고 자연스럽게 예전처럼 지내면 된답니다. 사람이 사람을 좋아하고 고백을 하는 것이 자연스러운 일이듯 고백을 거절하는 것도 자연스러운 일이에요.

고백을 거절당했다고 해서 그 아이에게 화를 내지는 말아요. 그 아이에 관해서 다른 친구들에게 나쁘게 이야기해서도 안 돼요. 그러면 그 아이와 사이만 더 멀어지고, 언젠가 시간이 흘러 더 좋은 사이가 될 기회마저 완전히 사라지게 될지도 몰라요.

세상에 재능이 없는 사람은 한 명도 없어요.
재능을 발견하지 못한 사람과 재능을 발견한 사람만이 있을 뿐이에요.
내게 어떤 재능이 있는지 다양한 활동을 하면서 찾아가보세요.

# 4부
# 진로

# 23
## 꿈이 없어요

다른 친구들은 모두 '꿈'이 있는데 여러분은 꿈이 없어서 불안한가요?

어떤 친구는 의사가 되는 것이 꿈이라고 하고, 어떤 친구는 선생님이 되는 것이 꿈이라고 합니다. 그리고 그 친구들은 자신의 '꿈'을 위해서 열심히 공부합니다. 그런데 나만 혼자 아무런 '꿈'이 없는 것 같나요? 그래서 자신감도 없어지고 부모님에게 미안한 마음이 들기도 하나요?

하지만 우리 한번 천천히 생각해 보아요.

'꿈'이란 뭘까요?
교사, 검사, 판사, 유튜버, 연예인, 컴퓨터 전문가처럼 어떤 '직업'을 갖는 것이 '꿈'일까요?

"넌 꿈이 뭐니?"라는 말은
"넌 커서 어떤 '직업'을 가진 사람이 될 거니?"라는 말과 같은 질문일까요?

'꿈'이란 말은 '직업'과 같은 말이 아닙니다.
"넌 꿈이 뭐니?"라는 말의 뜻은 "넌 커서 뭐 하는 사람(직업)이 될래?"가 아닙니다.

"넌 꿈이 뭐니?"라는 말의 진짜 뜻은
"넌 커서 어떤 것을 이뤄내고 싶니?"라는 뜻입니다.

"저의 꿈은 의사가 되는 것입니다."라는 말보다
"저의 꿈은 많은 사람을 아프지 않게 도와주는 겁니다."가 맞는 말입니다.

"저의 꿈은 교사가 되는 것입니다"라는 말보다
"저의 꿈은 많은 어린이를 바르게 가르치고 고민을 상담해 줘서 어린이들을 더 행복하게 도와주는 겁니다."가 맞는 말입니다.

"저의 꿈은 컴퓨터 프로그래머가 되는 것입니다."라는 말보다
"저의 꿈은 좋은 컴퓨터 프로그램을 만들어서 사람들이 더 편리하게 살 수 있게 도와주는 것입니다."가 맞는 말입니다.

**직업은 '꿈'이 아닙니다.**
**직업은 우리가 진짜 '꿈'을 이뤄낼 수 있게 도와주는 징검다리입니다.**

사람들을 아프지 않게 해주겠다는 꿈을 이루기 위해 의사, 간호사, 물리치료사, 제약사 연구원, 요양사, 응급구조사 등의 직업이 있는 거죠.
어린이들을 바르게 성장시켜주겠다는 꿈을 이루기 위해 선생님, 강사,

청소년 지도사, 아동 상담 전문가, 아동 심리 치료사, 사회복지사 등의 직업이 있는 거예요.

이제 여러분에게 질문을 바꿔볼게요.

이 다음에 어른이 되면 어떤 일을 이뤄내는 사람이 되고 싶나요?
주변 친구들, 이웃들, 우리나라 사람들, 세계 사람들, 자연 환경, 우주, 반려동물, 부모님께 어떤 도움을 주고 싶나요?

다른 사람들과 자연 환경, 동물 친구들에게 어떤 도움을 주고 싶은지 고민하는 것, 그것이 바로 "내 꿈은 무엇일까?" 상상하고 생각하는 거랍니다. 그 '꿈'을 먼저 생각한다면 그 '꿈'을 이루기 위한 '직업'들이 자연스레 하나씩 하나씩 보일 거예요.

오스트리아의 심리학자 알프레드 아들러는 우리가 다른 사람을 돕거나 공동체에 도움을 줄 때 진정한 행복감을 느낄 수 있다고 합니다. 우리가 직업을 통해 남을 돕고, 우리 사회에도 유익한 도움을 준다면 그것이야말로 진정한 자아실현이 아닐까요?

## 24
## 잘하는 게 없어요

운동을 잘하나요?
공부를 잘하나요?
노래를 잘 부르나요?

'나는 잘하는 게 뭐지?
왜 나는 재능이 없지?' 하는 생각이 들 때가 있나요?

재능은 무언가 새로운 것을 배우고 자기 것으로 만드는 속도가 빠르다는 것을 뜻해요. 컴퓨터에 재능이 있는 사람은 컴퓨터를 빨리 배울 수 있고, 글쓰기에 재능이 있는 사람은 글쓰기를 빨리 배울 수 있죠.

그런데 우리가 학교에서 확인할 수 있는 재능은 세 가지뿐이에요.
시험 공부를 잘하는 재능, 신체적 재능, 사회적 재능입니다.

시험 성적이 어떻게 나오느냐에 따라 시험 공부 재능이 있는지 없는지는 바로 알 수 있겠죠? 운동, 노래, 그림 등의 신체적 재능은 예체능 수업 시간에 확인할 수 있어요. 다른 사람과 잘 어울리는 사회적 재능은 친구들과 함께하는 쉬는 시간에 확인할 수 있지요.

그런데 이외에도 재능의 종류는 생각보다 매우 많아요.

예를 들면, 같은 자세로 오랫동안 가만히 있을 수 있는 것도 재능입니다. 이 재능은 경호원에게 꼭 필요해요. 고객을 보호하기 위해서는 고객 옆에서 가만히 오래 있을 수 있어야 하니까요.

예민한 성격도 재능이에요. 세무사, 회계사, 건축 설계사, 경찰에게 꼭 필요한 재능이죠. 돈 계산에 문제가 없는지 예민하게 발견하고, 건물 설계에 문제는 없는지 예민하게 찾아내고, 범인이 남긴 증거가 어디에 있는지 예민하게 조사할 줄 알아야 하니까요.

재능을 발견하기 위해서는 다양한 체험 활동, 독서, 도전이 필요해요. 학교에서는 수업 시간 이외에도 다양한 실험 활동, 모둠 활동, 봉사 활동을 통해서 내 재능을 발견할 수 있어요. 또 주민센터나 청소년센터에서 열리는 특강, 체험 활동을 통해서 찾을 수도 있지요.

할 줄 아는 게 없다고, 잘하는 것이 없다고 속상해할 필요는 없어요. 하고 싶은 것, 잘하고 싶은 것이 있으면 배우면 되니까요. 아무리 재능이 뛰어난 사람이라고 해도 배우지 않으면 아무것도 할 수 없어요.

잠깐 해보고서 재미가 없어지거나 싫증을 느끼면 재능이 없다고 생각하는 사람이 있어요. 하지만 실력이 빨리 늘지 않는다고 재능이 없는 것은 아니에요. 사람이 한 분야의 전문가가 되기 위해 걸리는 평균 기간은

7년이라고 해요. 그만큼 오랜 시간 동안 열심히 공부하고 도전해야 해요.

**세상에 재능이 없는 사람은 한 명도 없어요.**
**재능을 발견하지 못한 사람과 재능을 발견한 사람만이 있을 뿐이에요.**
내게 어떤 재능이 있는지 다양한 활동을 하면서 찾아가보세요.

잘하고 싶은 것이 있나요?
그렇다면 꾸준히 도전하고 노력해 보세요!
세상에서 가장 멋진 재능은 포기하지 않고 끝없이 노력하는 힘입니다.

# 25
## 하고 싶은 직업이 너무 많아요

작년에는 의사가 되고 싶었는데, 올해에는 변호사가 되고 싶나요?
어제는 가수가 되고 싶었는데, 오늘은 과학자가 되고 싶나요?
교사도 하고 싶고, 과학자도 되고 싶고, 가수도 되고 싶고, 군인도 되고 싶나요?

하고 싶은 직업이 자주 바뀌는 이유는 크게 세 가지예요.
새로운 직업을 알게 되었을 때,
그 직업에 관해서 더 알게 되었을 때,
그리고 좋아하는 것이 바뀌었을 때입니다.

몰랐던 직업을 새로 알게 되면 갑자기 흥미가 생겨나요. 흥미가 생기면 당연히 그 직업을 해보고 싶은 마음이 생기죠. 또 이미 알고 있었던 직업이지만 그 직업에 대해 새로운 것을 알게 되면 관심이 갑니다. 좋아하는 것이 바뀌었을 때도 원하는 직업이 달라질 수 있지요.

어른이 되어서도 직업을 바꾸는 경우가 많아요.
'사회'가 발전하고 변화하면서 직업을 바꿔야 하기 때문이에요. 예전에는 지하철을 타기 위해서 매표소에서 표를 사야 했어요. 그래서 지하철에는 매표소 직원이 많았어요. 하지만 교통카드를 사용하게 되면서 매표소 직원이라는 직업이 사라지게 되었죠.

사회가 변하면 어떤 직업은 사라지고 새로운 직업이 탄생하기도 해요. 마차를 모는 직업이 사라지고 택시를 모는 직업이 새로 생긴 것처럼요.

이제 내가 진짜 원하는 직업이 무엇인지 찾아보기로 해요.
나는 어떤 일에 흥미를 느끼는지, 나는 어떤 어른이 되고 싶은지 탐정처럼 추리해 보세요. 그동안 되고 싶었던 직업을 모두 적어보세요. 그리고 그 직업을 내가 왜 좋아하는지 솔직한 마음을 길게 적어보세요. 그다음에 그 직업들이 어떤 공통점이 있는지 찾아보세요. 부모님과 함께 의논하며 해봐도 좋아요.

예를 들면 다음과 같이 정리할 수 있어요.

| 갖고 싶은 직업 | 이 직업에 흥미를 느낀 이유 |
| --- | --- |
| 정치인 | 우리나라의 정책을 결정할 수 있어서 |
| 국정원 스파이 | 첩보 활동을 통해 나라를 지킬 수 있어서 |
| 심리치료사 | 마음을 치료해 행복하게 살게 해줄 수 있어서 |
| 드라마감독, 영화작가 | 사람들에게 감동을 주어 삶이 변하게 도와주고 싶어서 |
| 공통점 : 나의 말과 글, 행동을 통해 많은 사람의 삶을 더 행복하게 만들고 싶음 ||

내가 갖고 싶은 직업의 공통점을 찾고 나면 내가 어떤 사람이 되고 싶은지 알 수 있어요. 그러고 나서 내가 진짜 해낼 수 있는 직업이 무엇인지 결정하면 돼요.

우리가 어른이 되면 사회는 지금보다 훨씬 빠른 속도로 발전해서 변해 있을 거예요. 그러면 내가 되고 싶었던 직업이 사라졌을 수도 있고, 생각지도 못했던 직업이 새로 생겼을 수도 있어요. 하지만 너무 걱정하지 말아요. 내가 어떤 사람이 되고 싶은지를 끊임없이 묻고 노력하는 사람은 어떤 변화가 찾아와도 금세 따라갈 수 있으니까요.

# 26
## 유튜버가 되고 싶어요

유튜브에는 정말 많은 것이 있어요.
게임, 만화, 연예인, 음식 등 채널의 종류도 많습니다.

누구나 유튜버가 되기는 쉬운 시대가 되었어요.
하지만 좋은 유튜버가 되기는 어려워요.
만약 유튜버가 된다면 어떤 운영자가 되고 싶나요?

장래 희망으로 유튜버를 꿈꾸고 있다면 다음 이야기를 꼭 기억해요.

다른 사람에게 피해를 주지 않는 유튜버가 되어야 해요.
조회 수와 구독자 수를 높이기 위해 거짓말만 가득한 채널은 바람직하지 않아요.

다른 사람을 비난하고 상처를 주는 일을 하면 안 돼요.
내가 돈을 벌기 위해 남의 몸과 마음을 다치게 하는 것은 범죄와 같아요. 실제로 많은 유튜버들이 거짓 정보와 사이버 괴롭힘으로 감옥에 가거나 큰 벌금을 내는 일도 있답니다.

인기를 얻기 위한 목적으로 자극적인 콘텐츠를 올리면 안 돼요.
욕설로 가득한 방송, 관심을 끌기 위해 나쁜 짓을 공개적으로 저지르는 방송은 사회에 나쁜 영향을 줘요. 어린 동생들이 욕을 배우고, 잘못된 생각을 배우면 우리가 사는 세상은 더 나빠지게 될 거예요.

늘 공부를 열심히 하는 유튜버가 되어야 해요.
이제는 유튜브도 방송국처럼 전문적인 지식이 있어야 해요. 동영상 하나를 만들 때도 다양한 책을 읽고 철저하게 공부해야 해요.

함부로 개인 정보를 공개해서는 안 돼요.
자신을 드러내는 일은 나뿐만 아니라 가족에게도 피해가 갈 수 있어요.

유튜브 채널을 만들어 영상을 올리는 일은 매우 쉬워요. 하지만 깊은 고민 없이 만들어진 영상은 나쁜 결과를 만들어내기도 해요. 나에 대한 잘못된 소문이 돌 수도 있고, 나를 욕하는 댓글들을 만날 수도 있어요. 그러니 늘 조심하고 신중해야 합니다.

나쁜 유튜브 채널의 문제점이 무엇인지도 한번 연구해 보세요. 나는 저런 나쁜 사람이 되지 않겠다고 꼭 다짐하세요. 사람들에게 좋은 정보를 주고 감동도 주고 좋은 영향력을 끼치는 멋진 사람이 되겠다고 다짐하세요.

공부와 준비를 열심히 하지 않으면 좋은 영상을 많이 만들기 어려워요. 자신의 직업을 통해서 얻은 정보를 공유하는 유튜버들이 인기가 많은 이유는 전문성이 높기 때문입니다. 애견 훈련사 유튜버, 변호사 유튜버,

자동차 수리기사 유튜버 등 자신의 직업을 살려서 유튜브를 하는 분들도 많답니다.

여러분은 어떤 유튜브를 만들고 싶나요?
많은 사람들에게 정보와 행복을 줄 수 있는 좋은 유튜버가 되길 응원할게요!

## 사이다 고민툰

| | |
|---|---|
| **1쇄 발행** | 2023년 4월 18일 |
| **글** | 안태일 |
| **만화** | 옥이샘 |

| | |
|---|---|
| **펴낸이** | 윤을식 |
| **펴낸곳** | 도서출판 지식프레임 |
| **출판등록** | 2008년 1월 4일 제 2020-000053호 |
| **전화** | (02)521-3172 ｜ 팩스 (02)6007-1835 |
| **이메일** | editor@jisikframe.com |
| **홈페이지** | http://www.jisikframe.com |
| **ISBN** | 979-11-982213-0-8 (73180) |

• 이 책 내용의 전부 또는 일부를 재사용하려면 반드시 저작권자와 지식프레임 양측의 서면에 의한 동의를 받아야 합니다.

• 파손된 책은 구입하신 서점에서 교환해 드립니다.

• KC 마크는 이 제품이 공통안전기준에 적합하였음을 의미합니다.